Air Iomlaid

The Fruitmarket Gallery's education project with children from Bun-sgoil Shlèite, Skye and Tollcross Primary School, Edinburgh

/

Pròiseact foghlaim a rinn The Fruitmarket Gallery còmhla ri cloinn à Bun-sgoil Shlèite san Eilean Sgitheanach, agus à Bun-sgoil Chrois na Cìse ann an Dùn Èideann

Supported by The National Lottery via The Scottish Arts Council's Inspire Fund with additional funding from Bòrd na Gàidhlig, Scottish Natural Heritage, Learning and Teaching Scotland and The Ernest Cook Trust

/

Le taic bhon Chrannchur Nàiseanta tro Ionmhas Brosnachaidh Comhairle Ealain na h-Alba le taic a bharrachd bho Bòrd na Gàidhlig, Dualchas Nàdair na h-Alba, Ionnsachadh is Teagasg na h-Alba agus Urras Ernest Cook

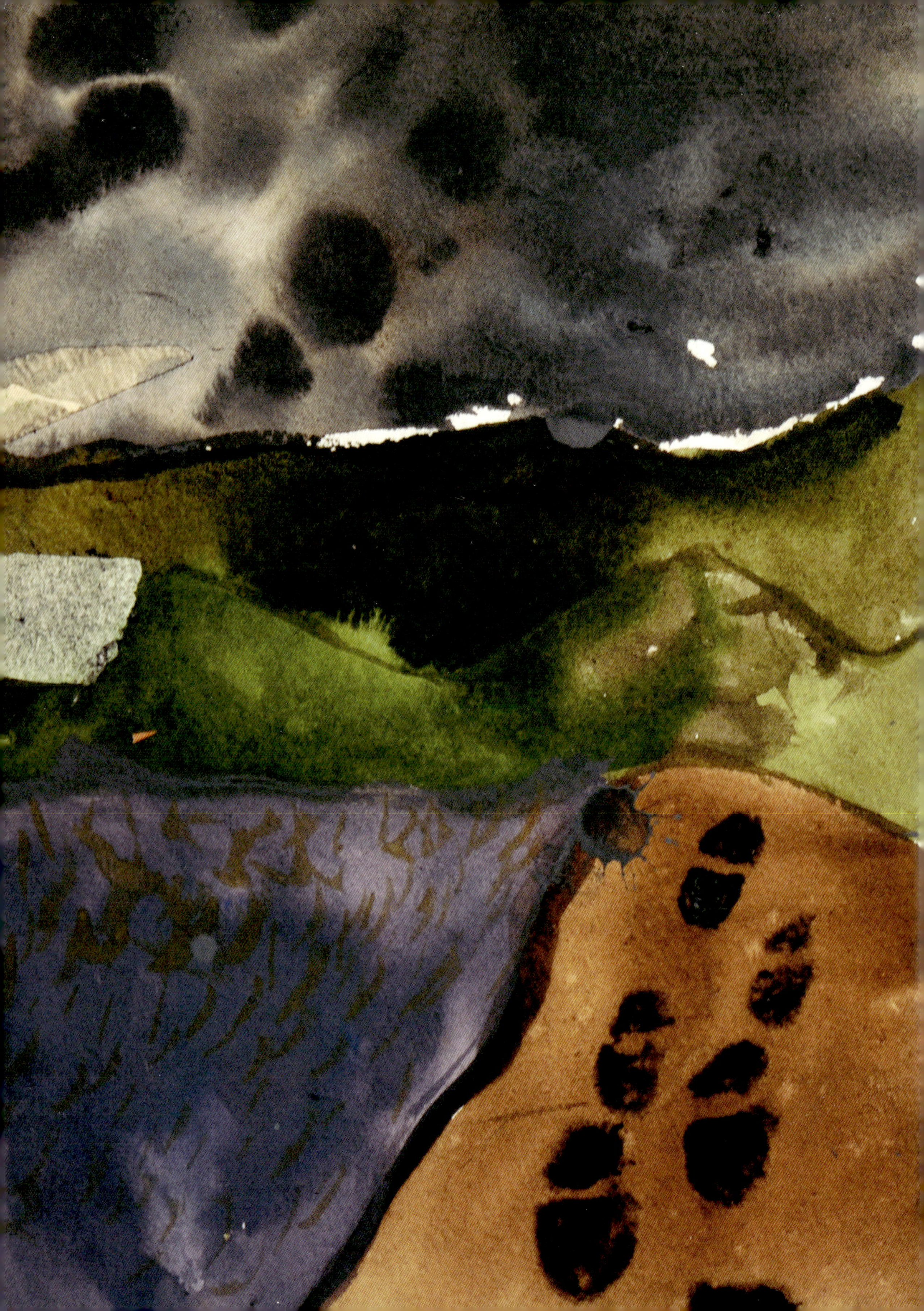

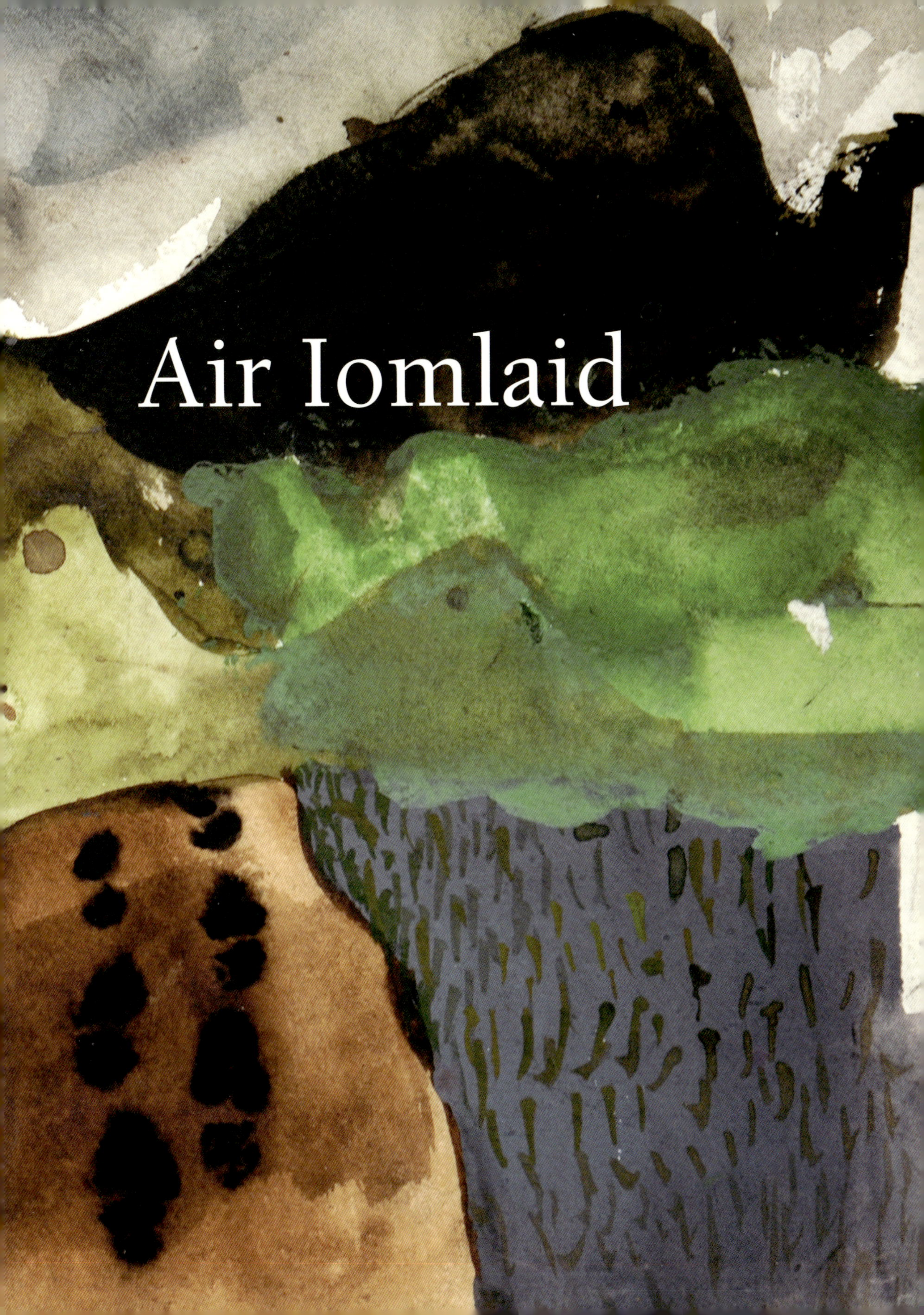
Air Iomlaid

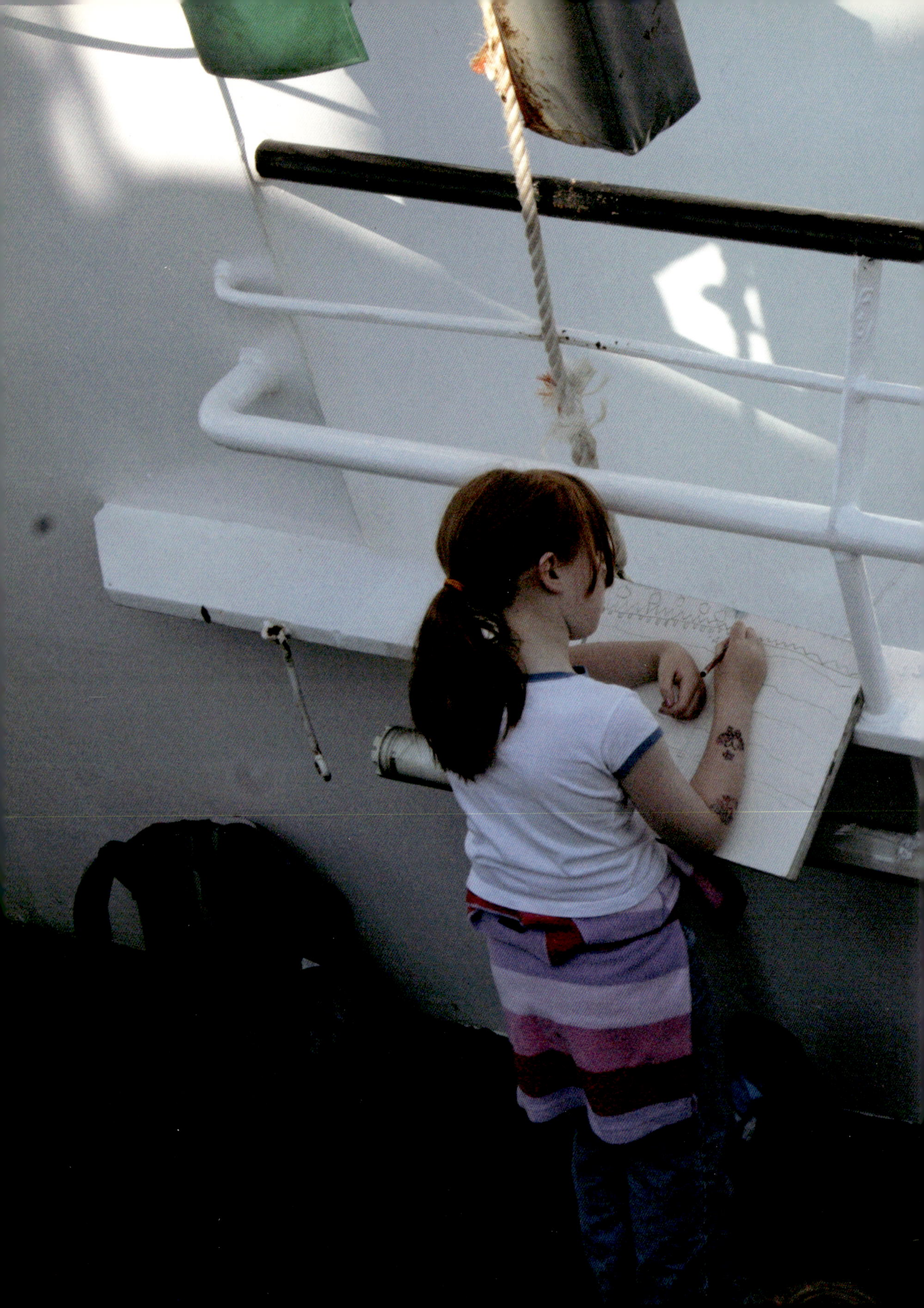

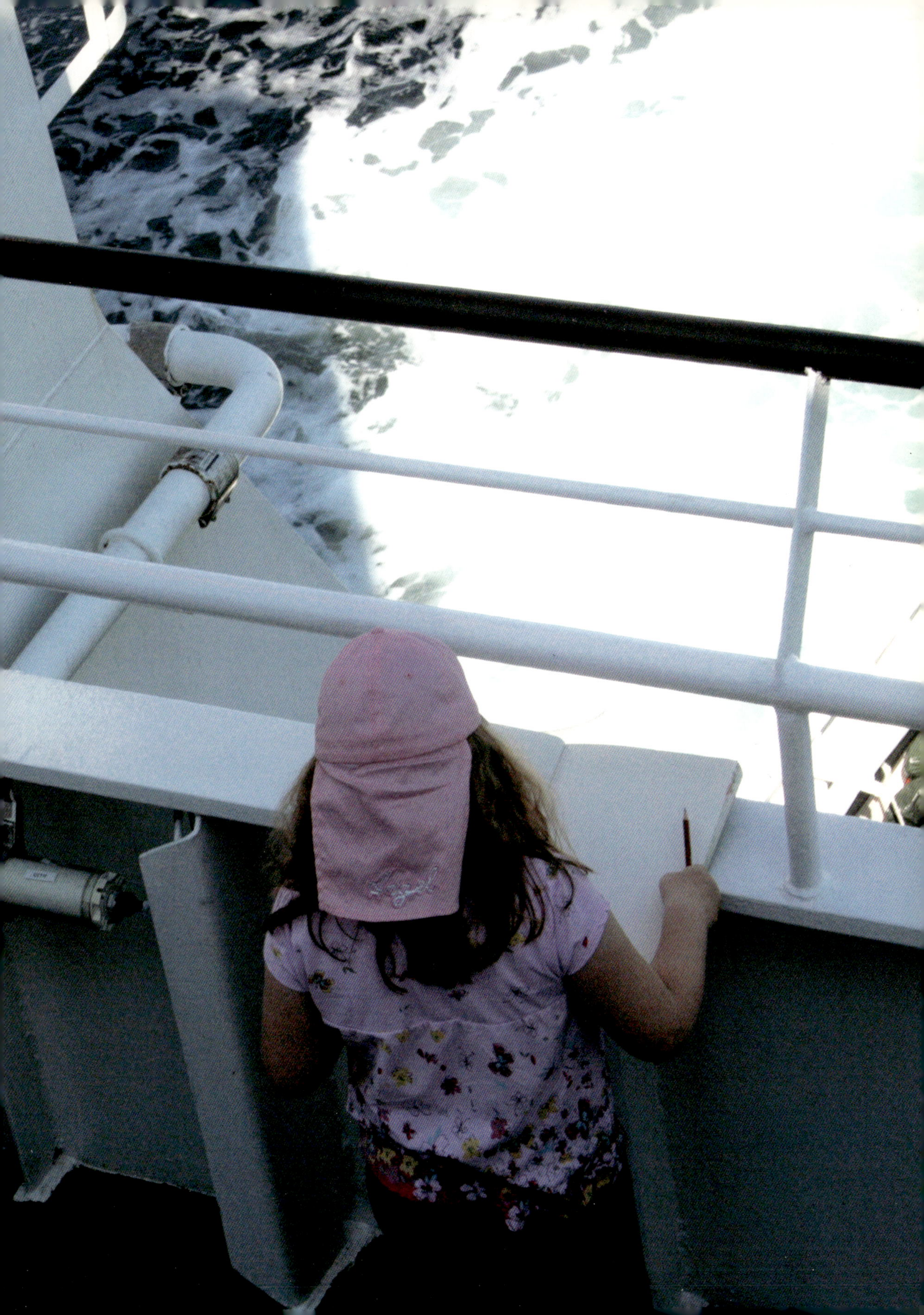

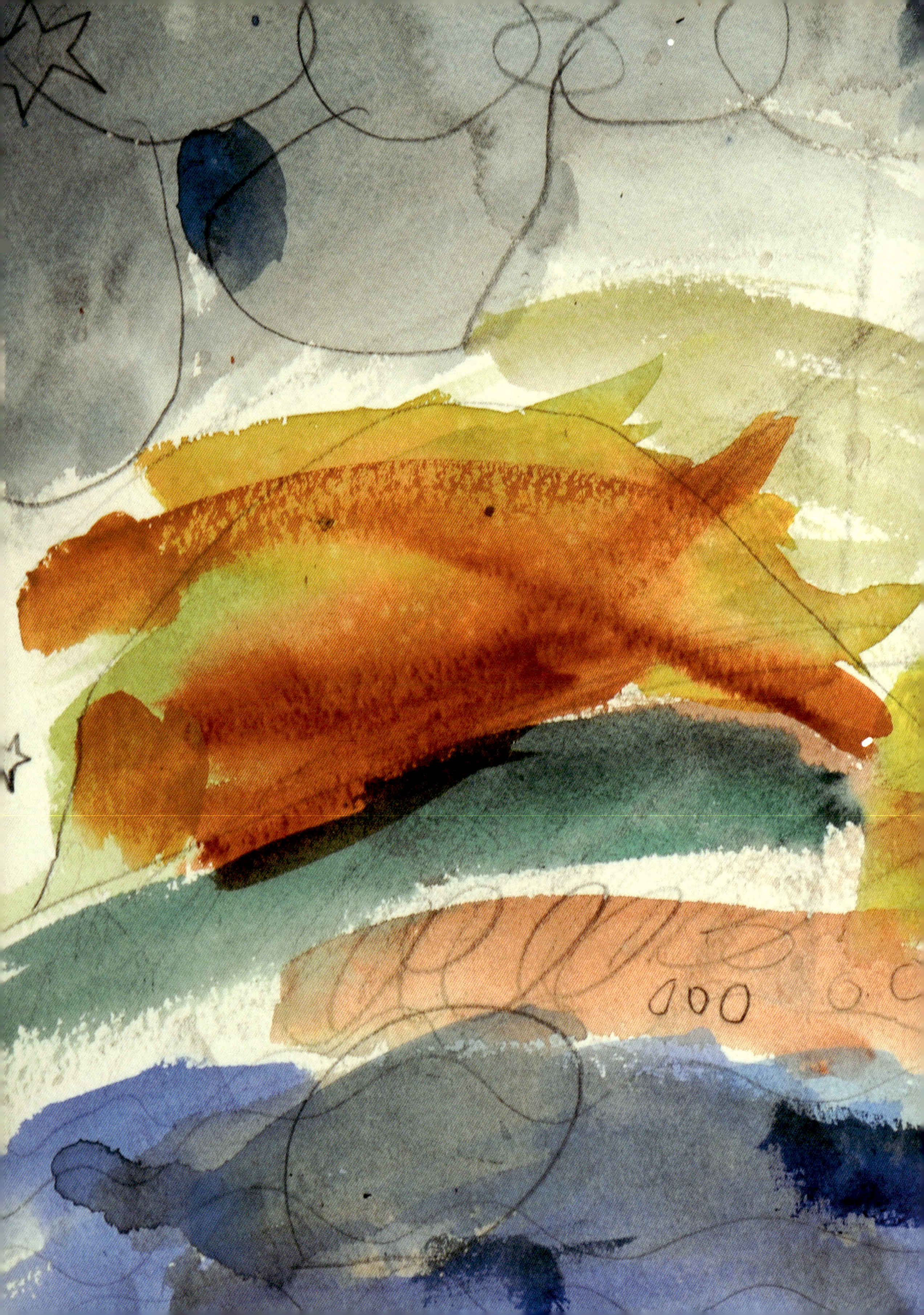

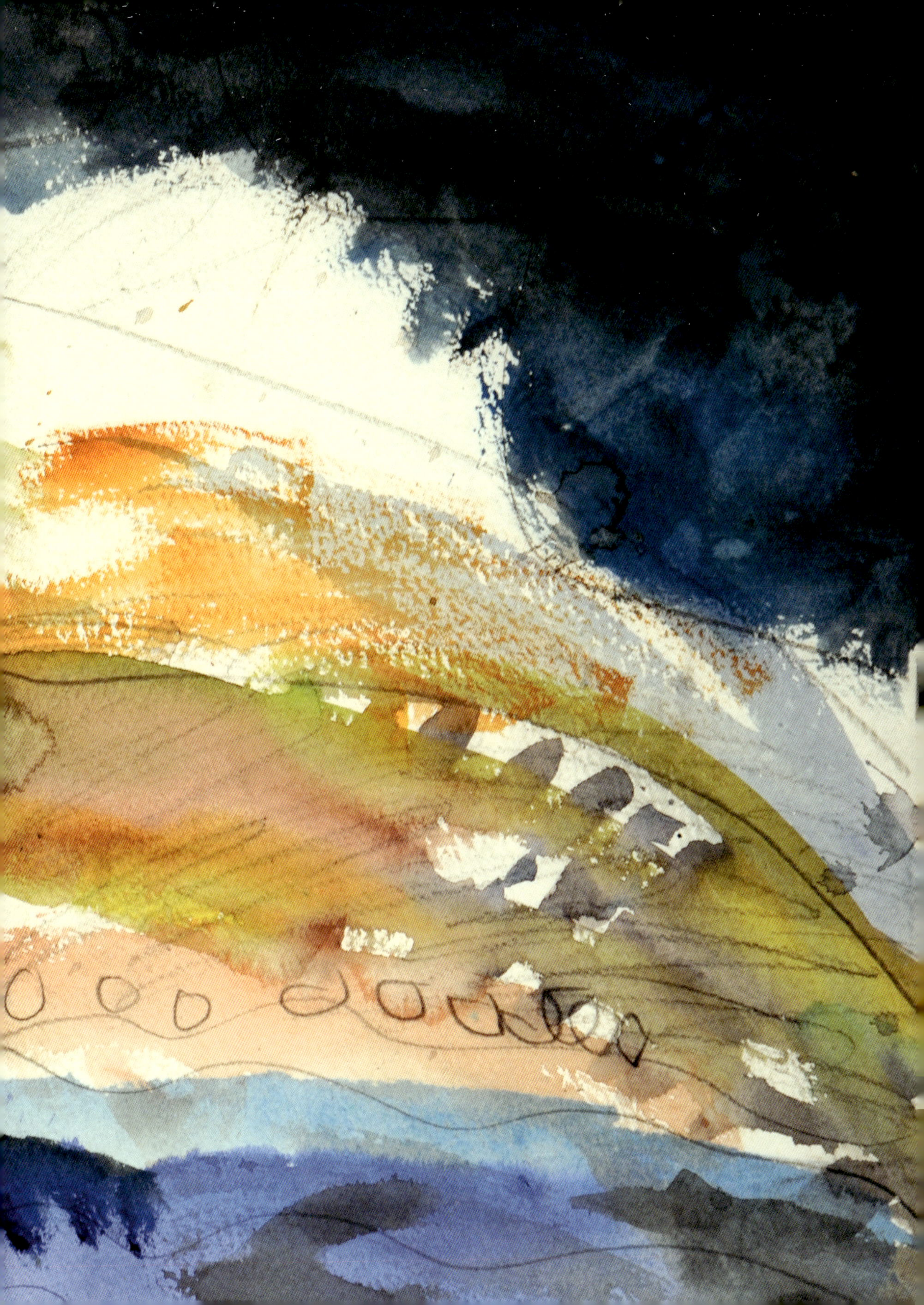

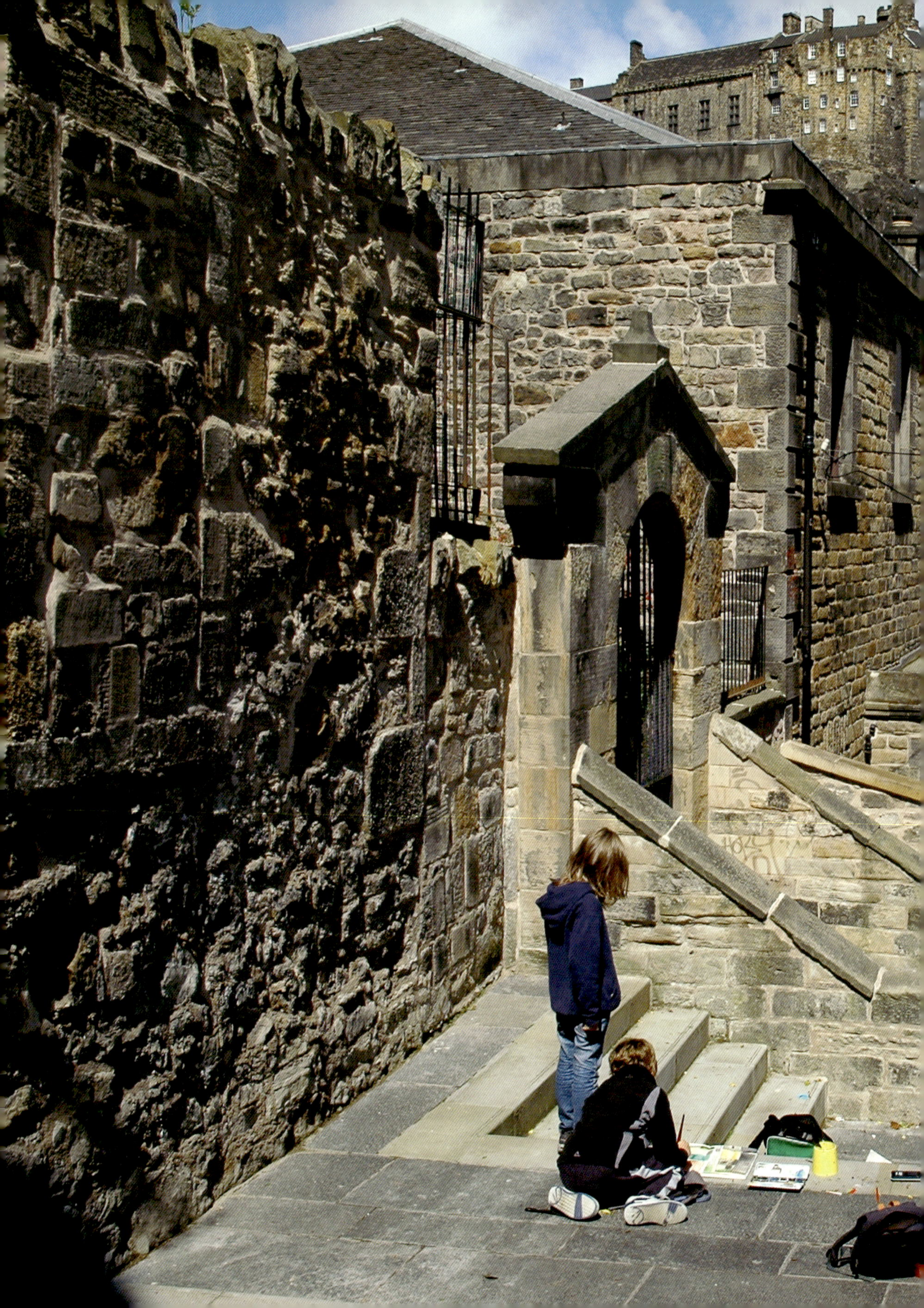

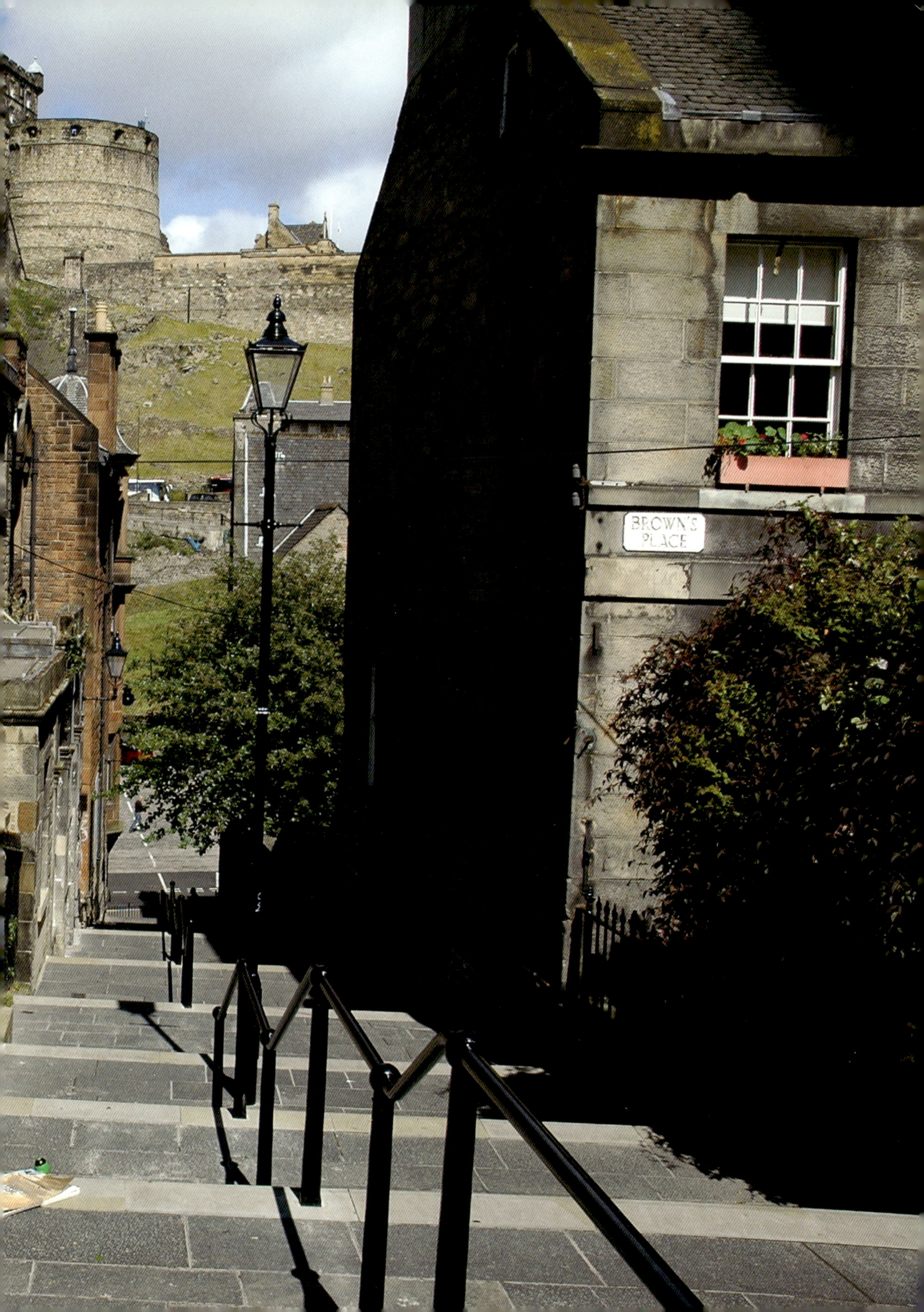
BROWN'S
PLACE

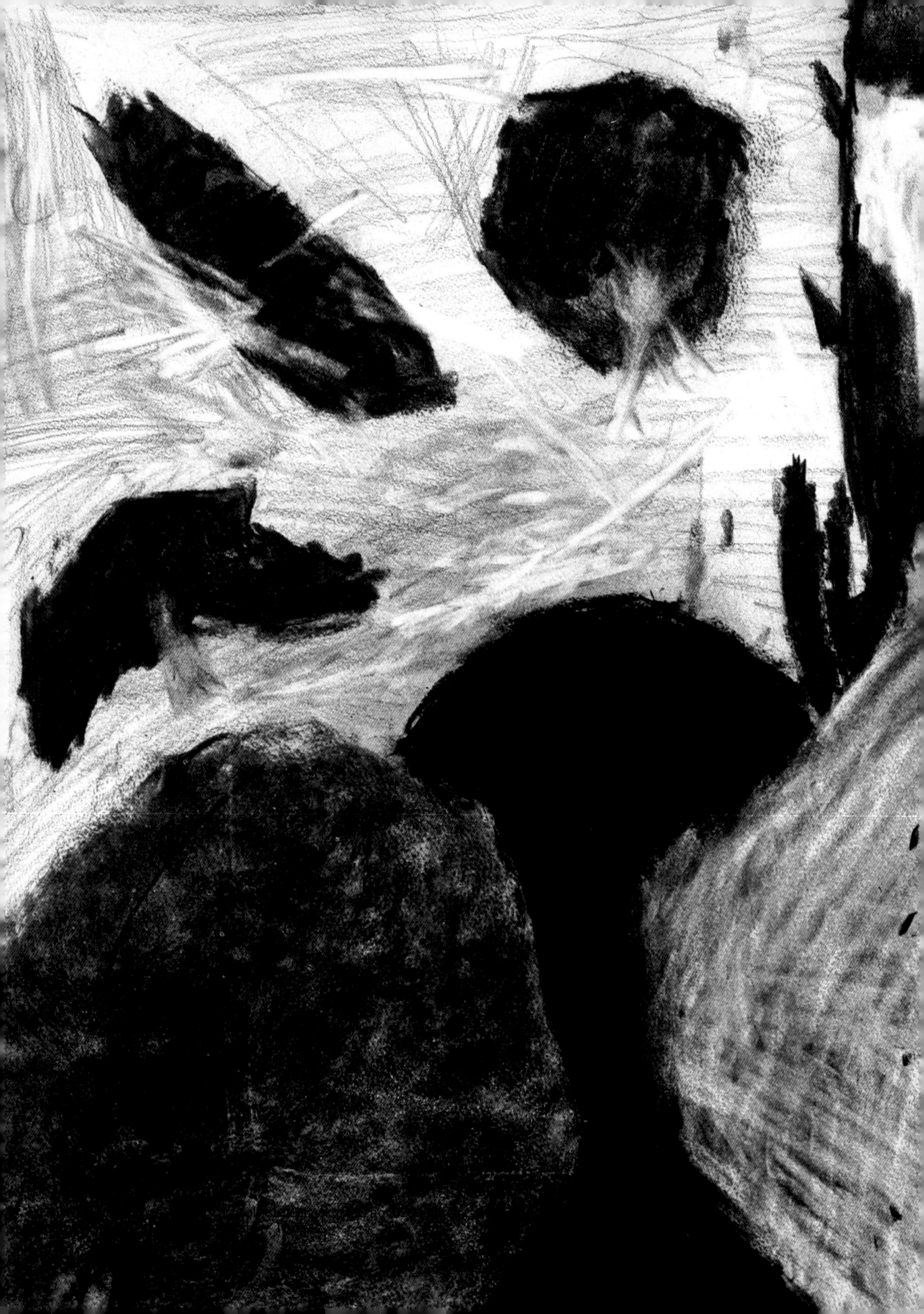

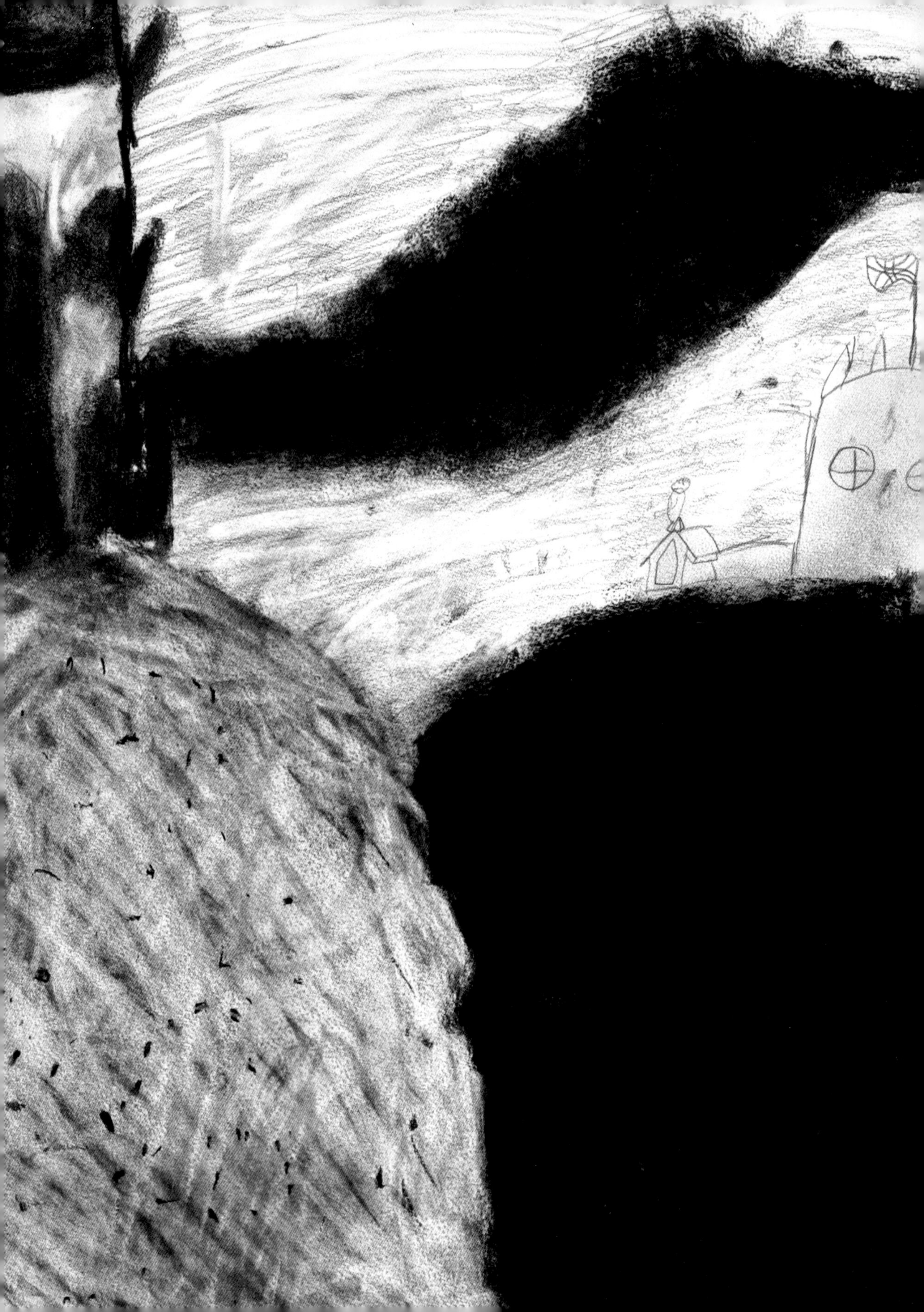

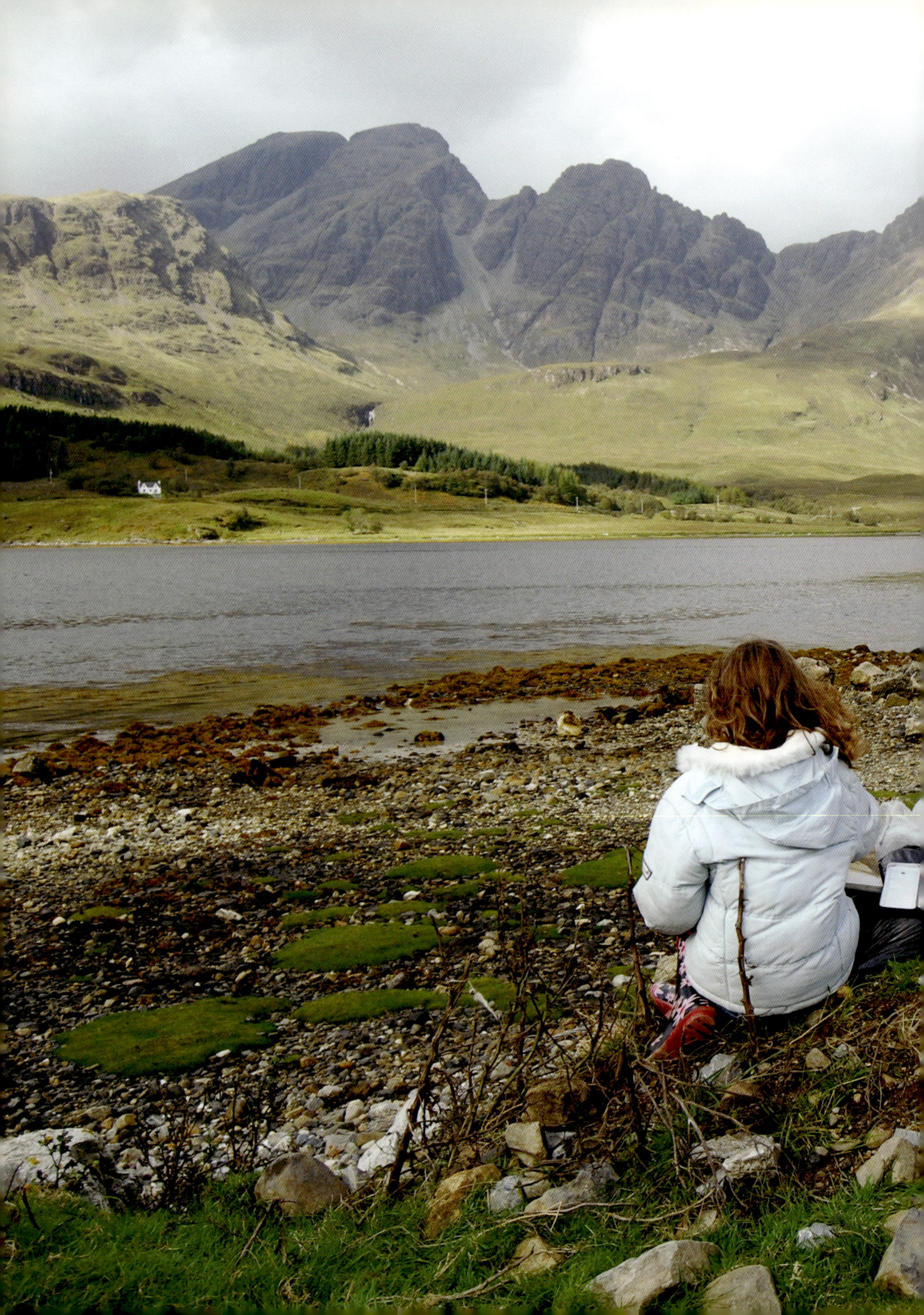

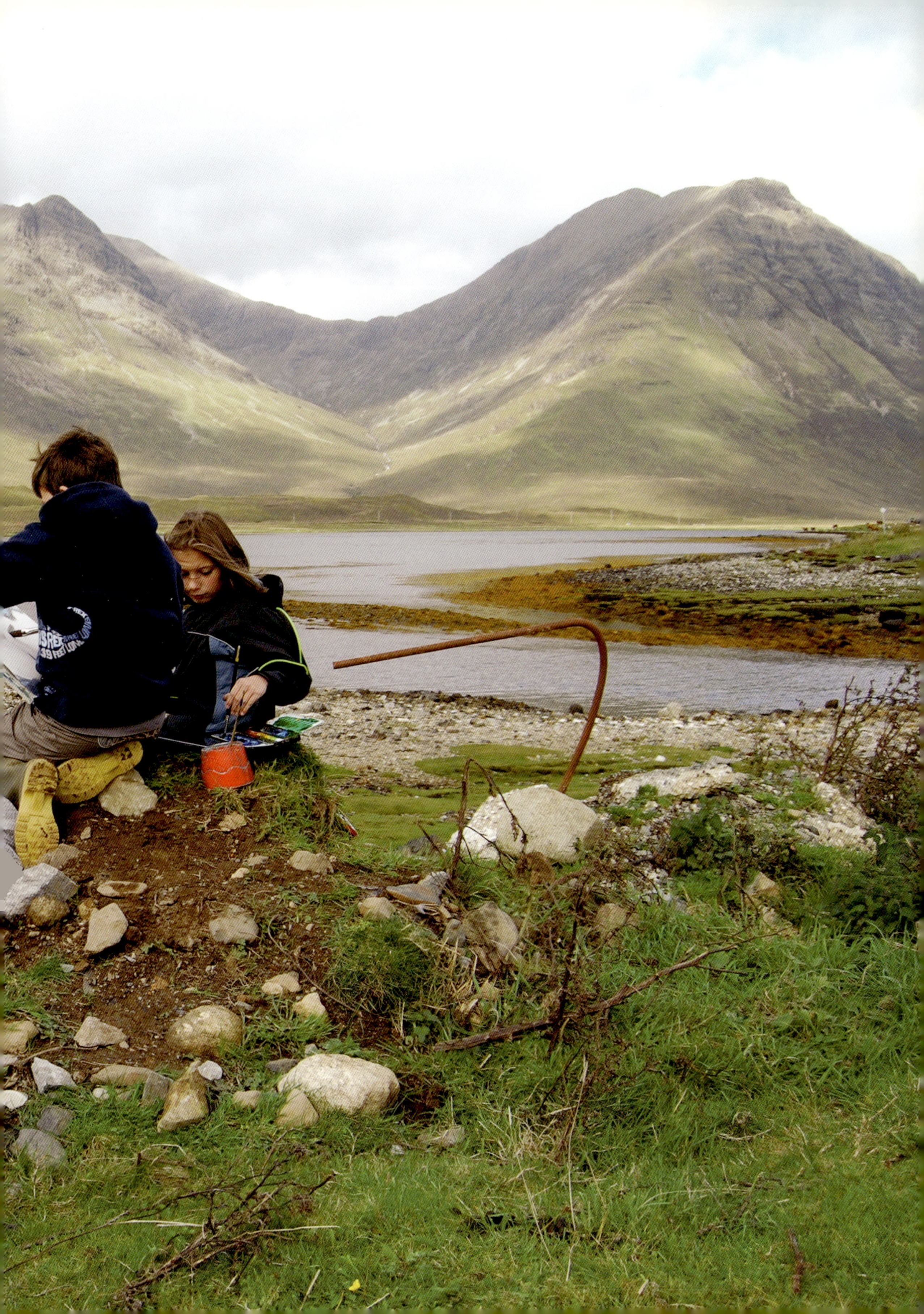

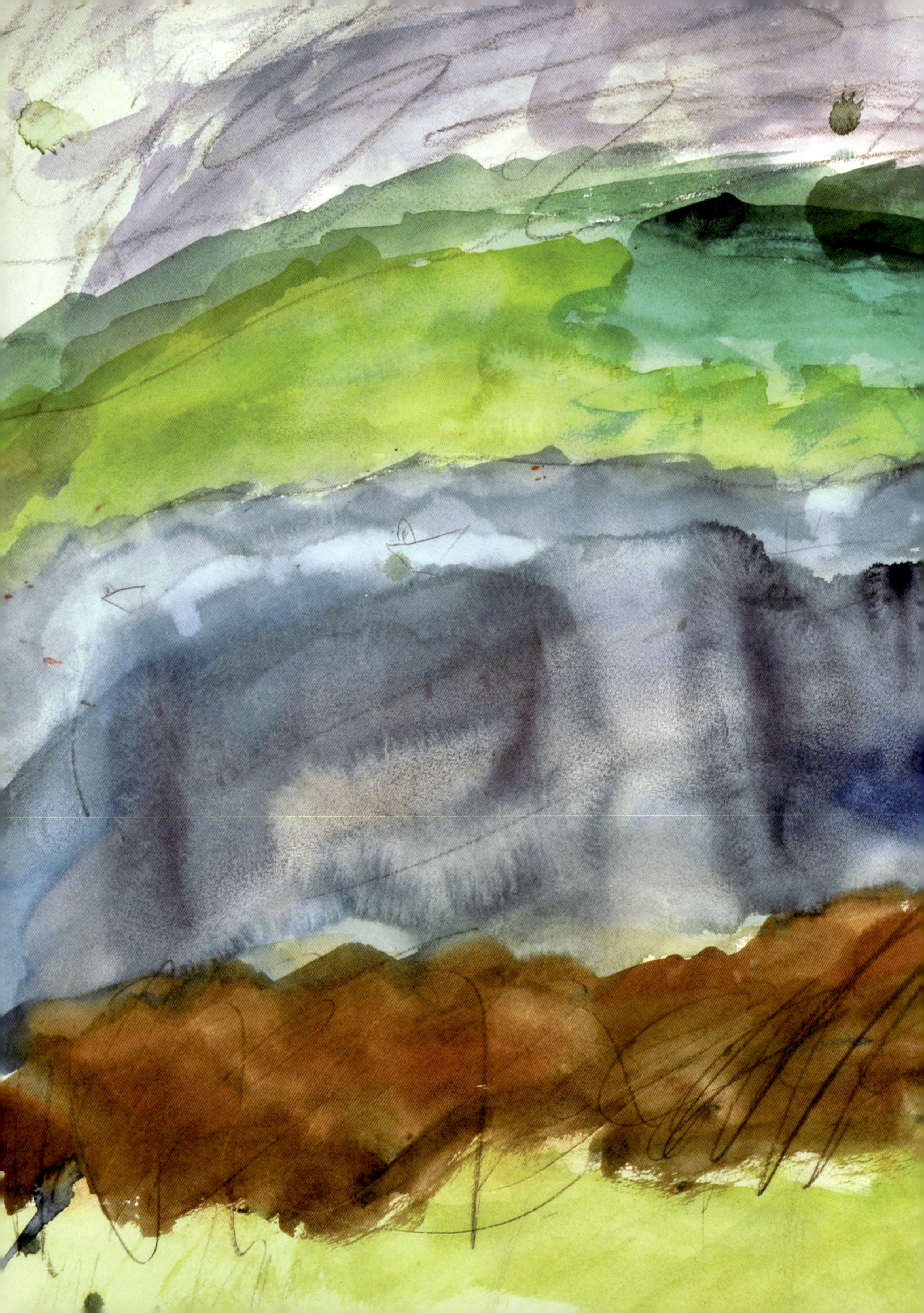

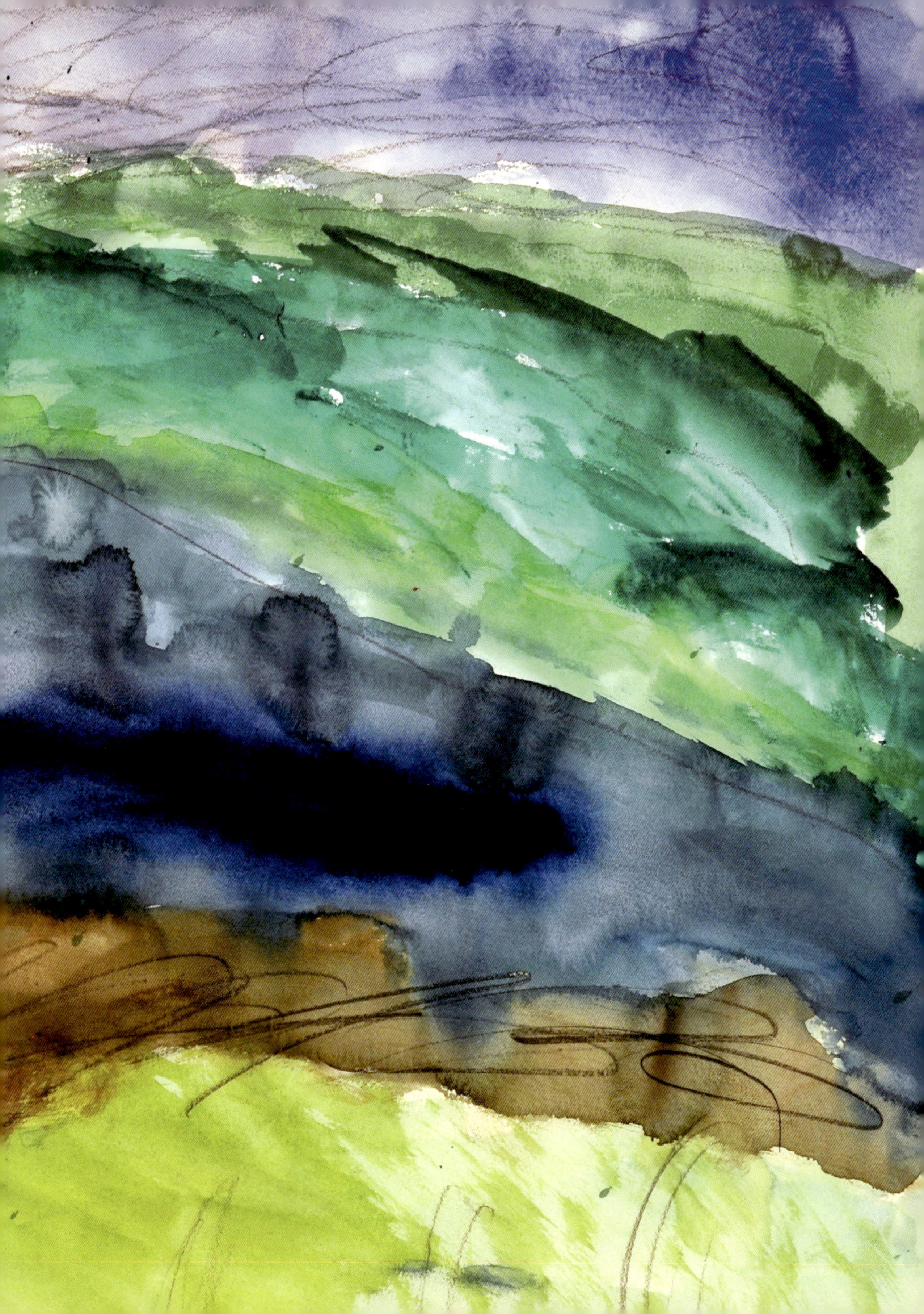

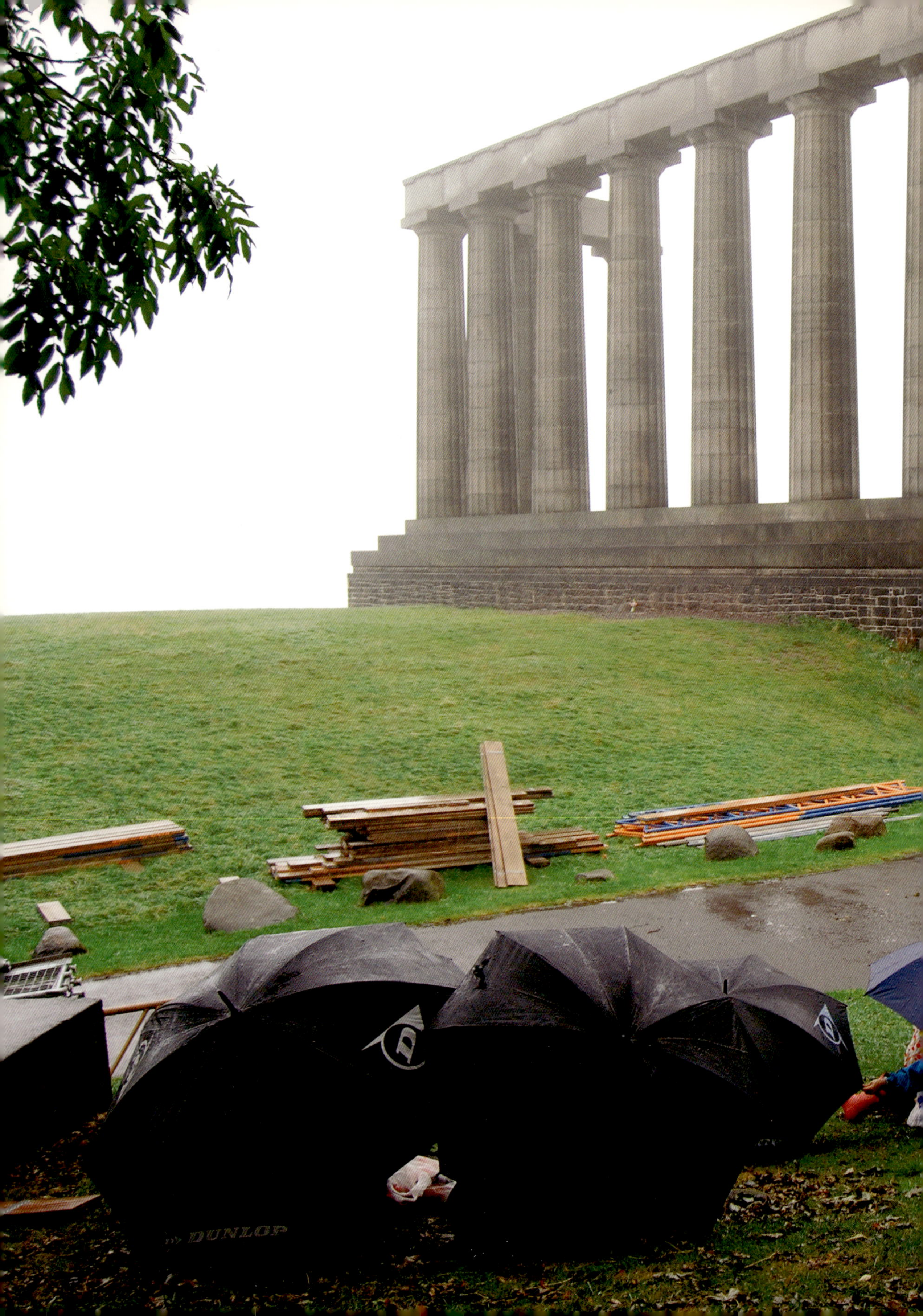
DUNLOP

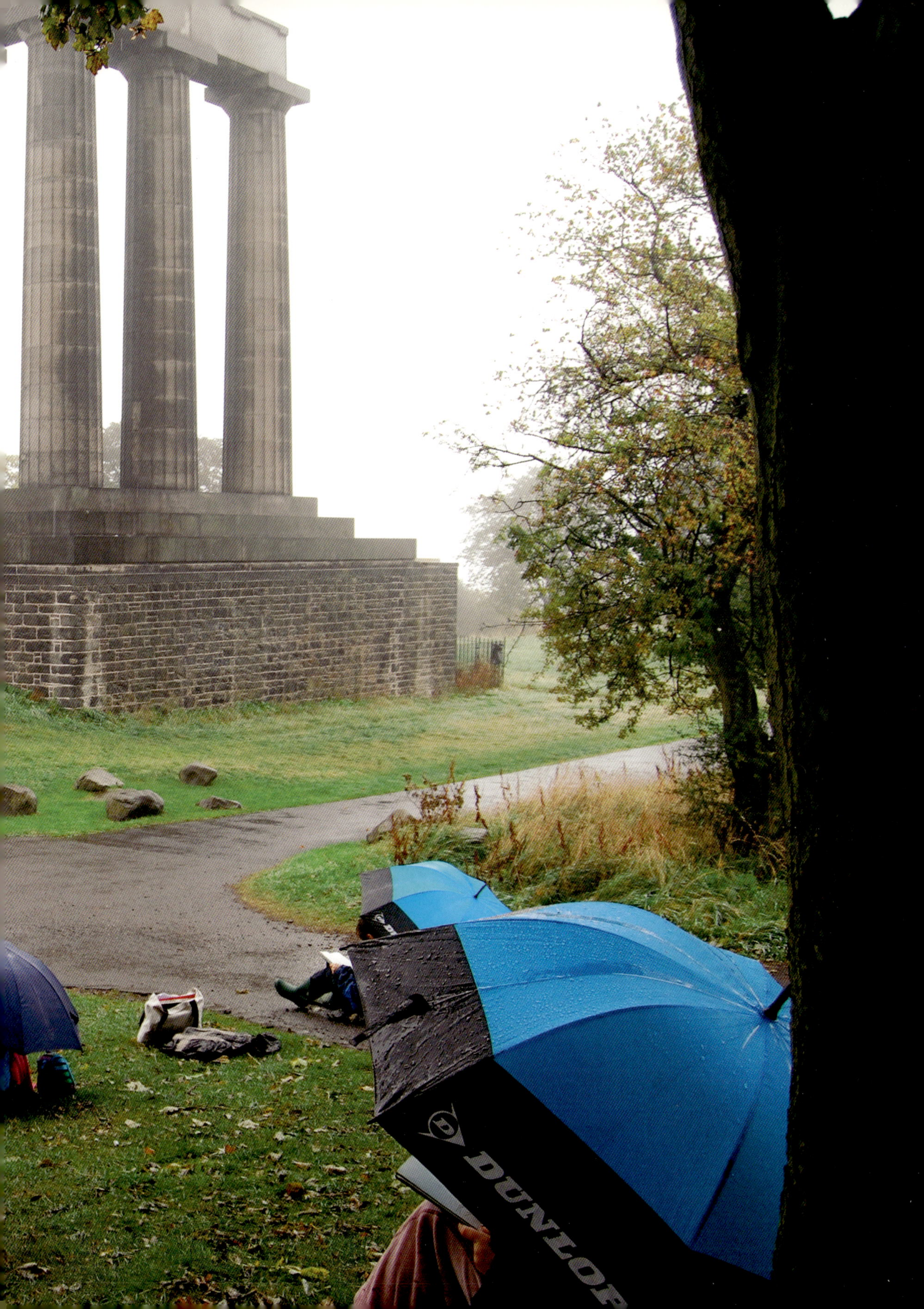
DUNLOP

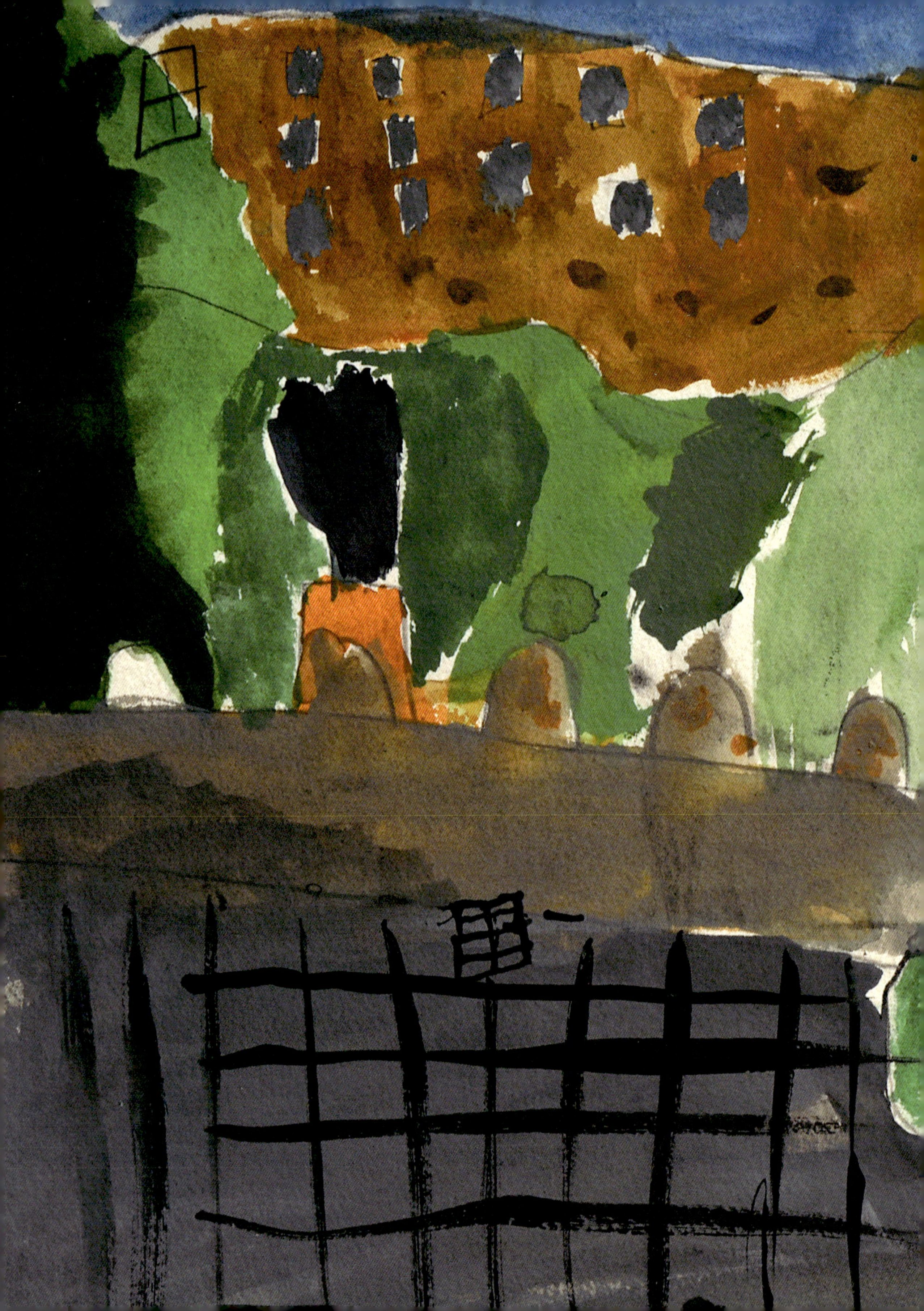

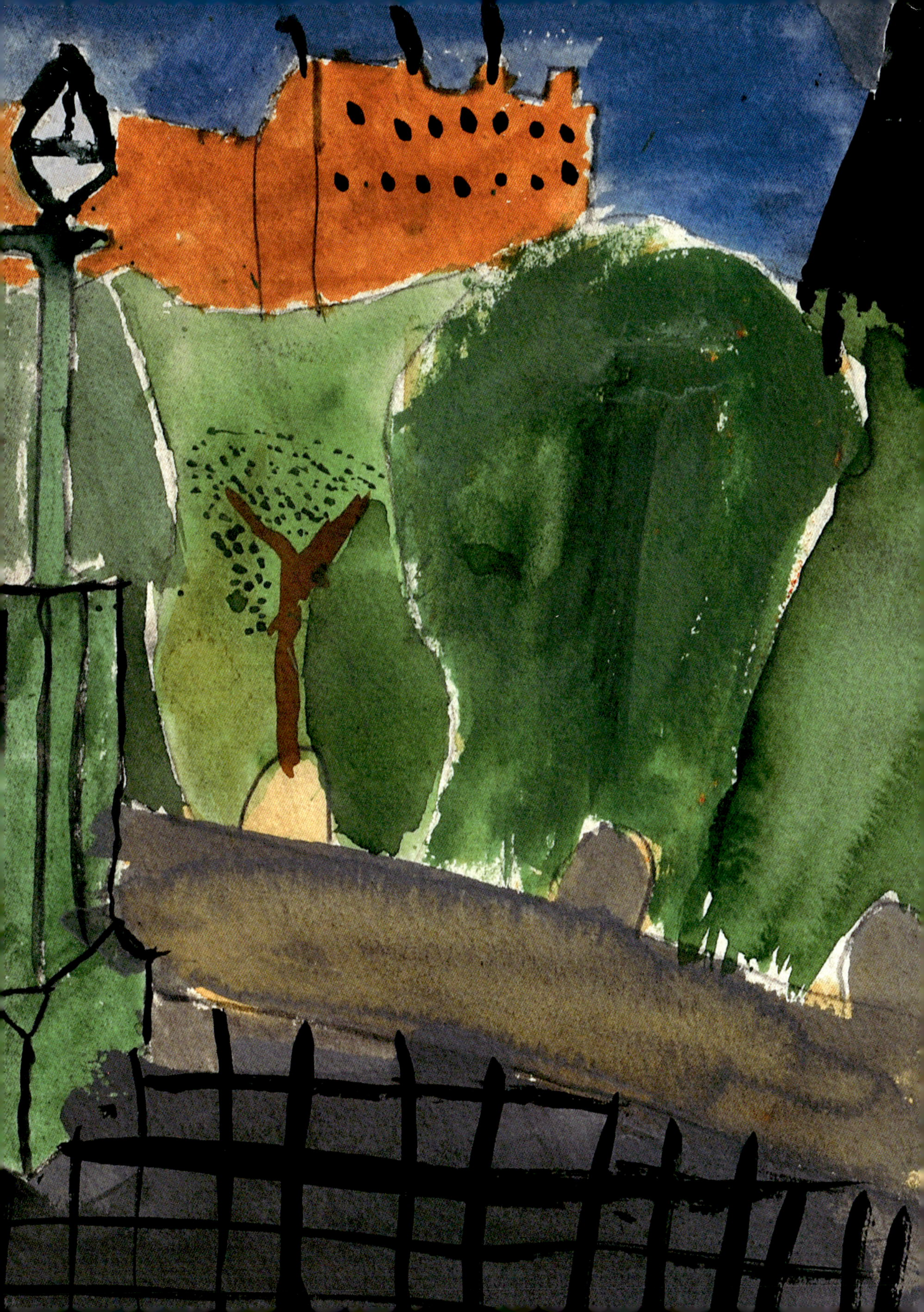

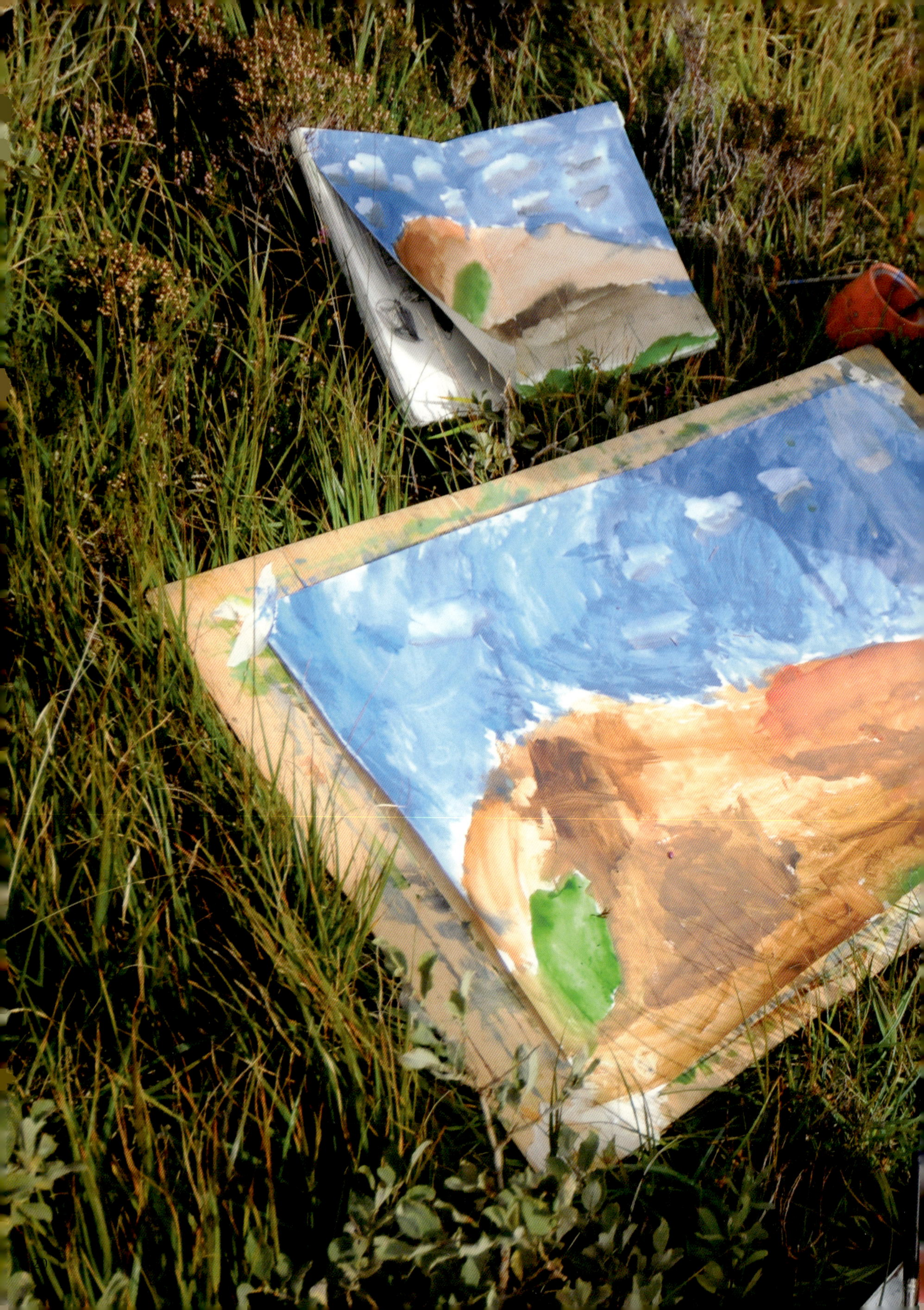

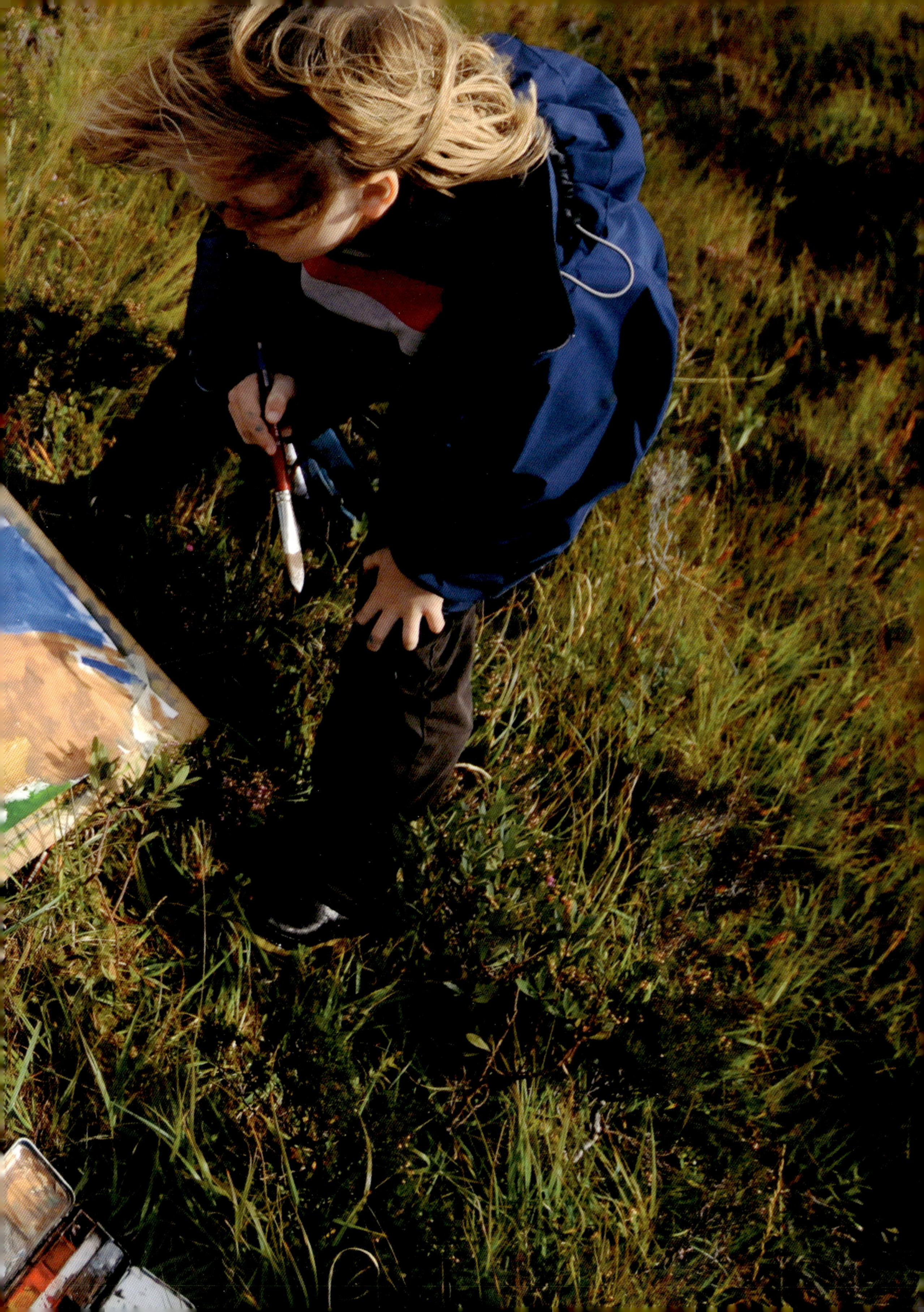

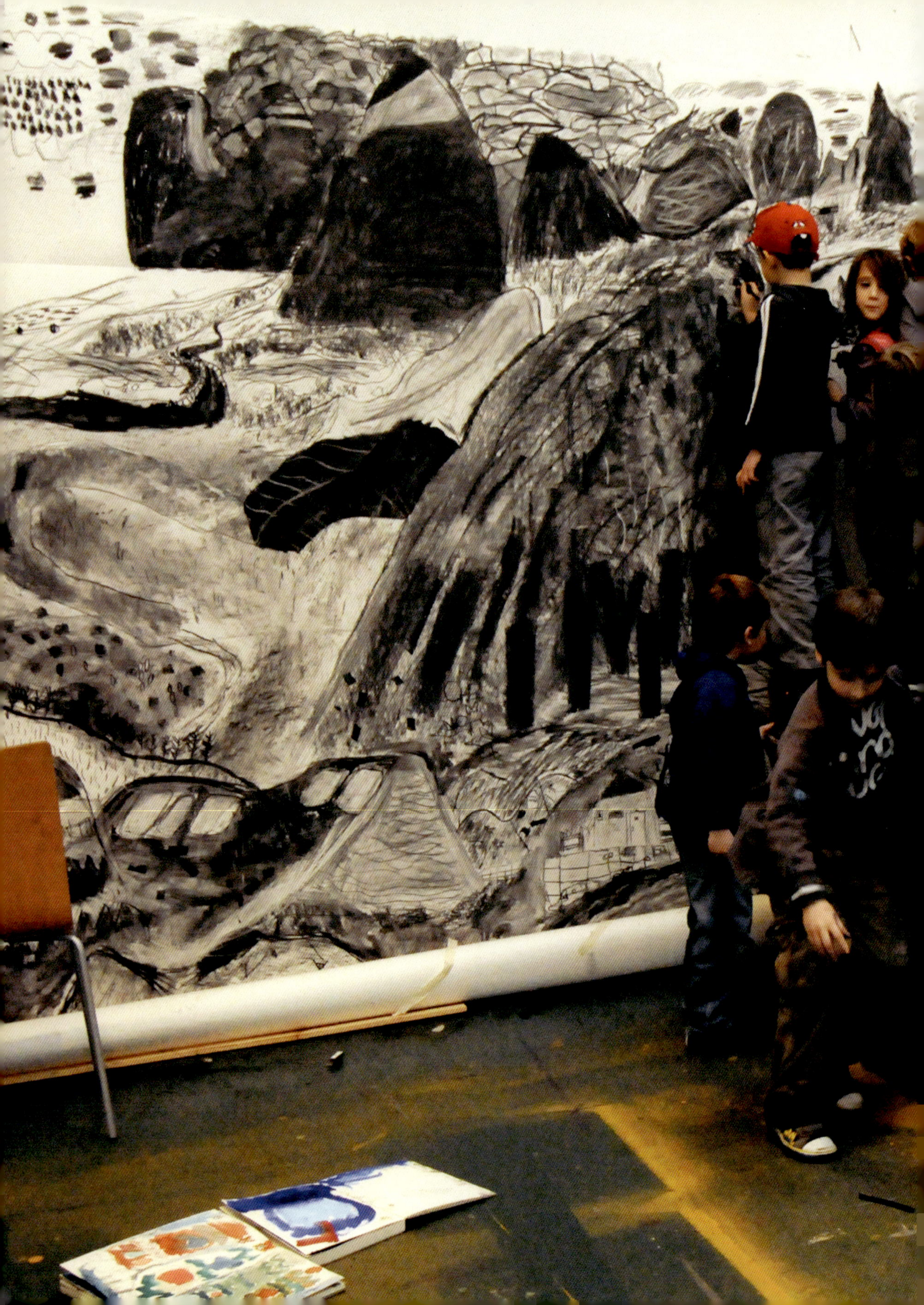

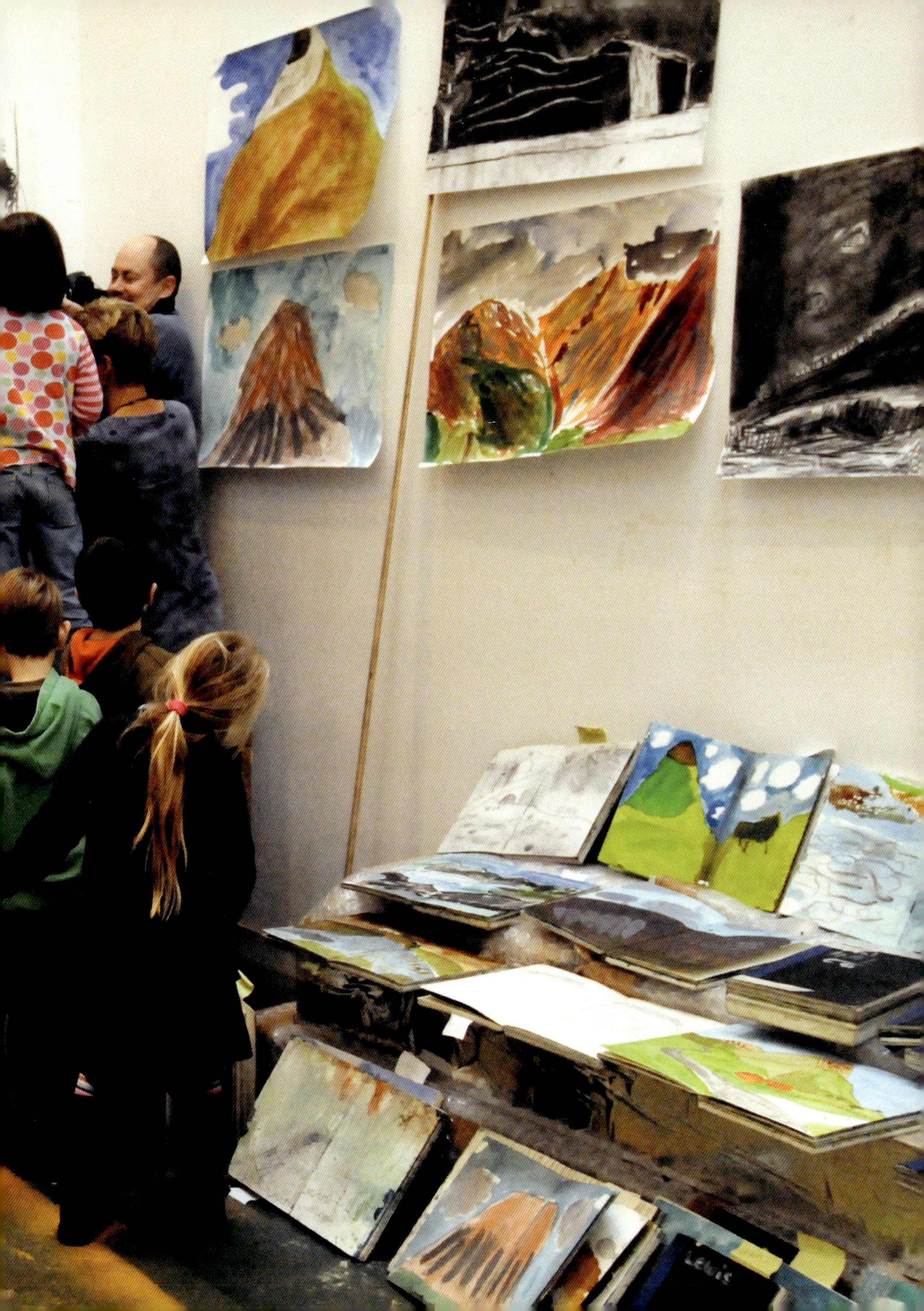
LEWIS

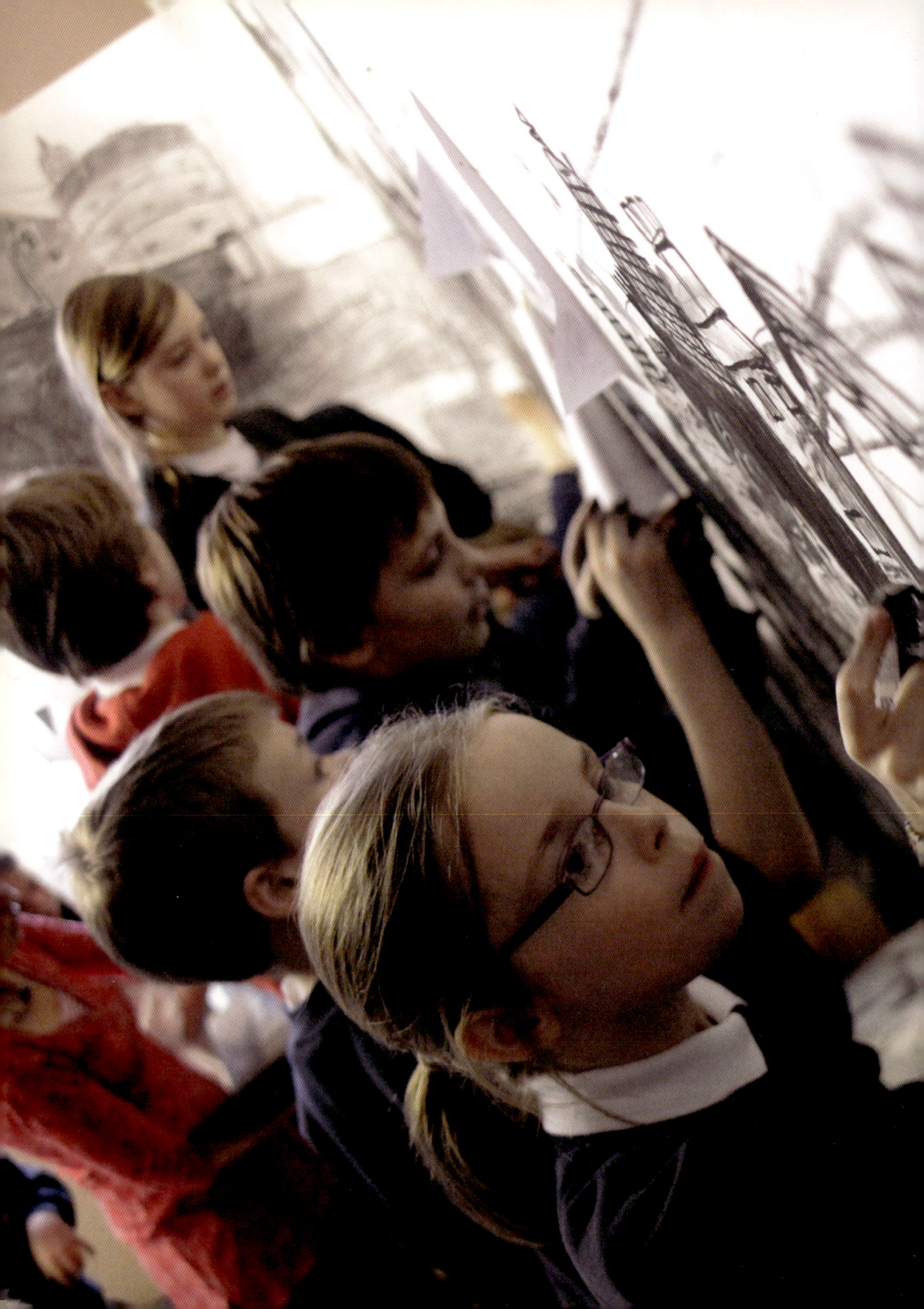

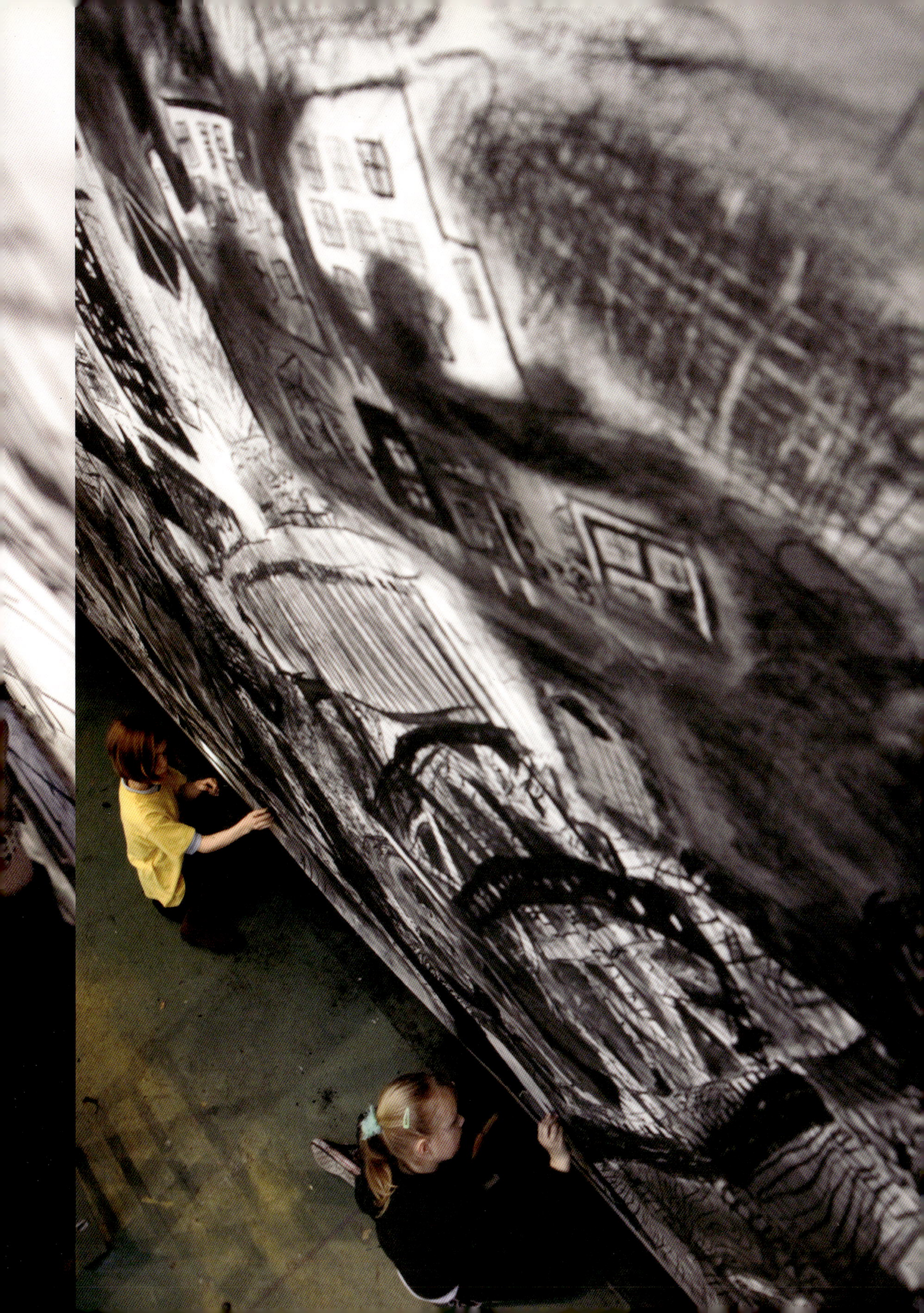

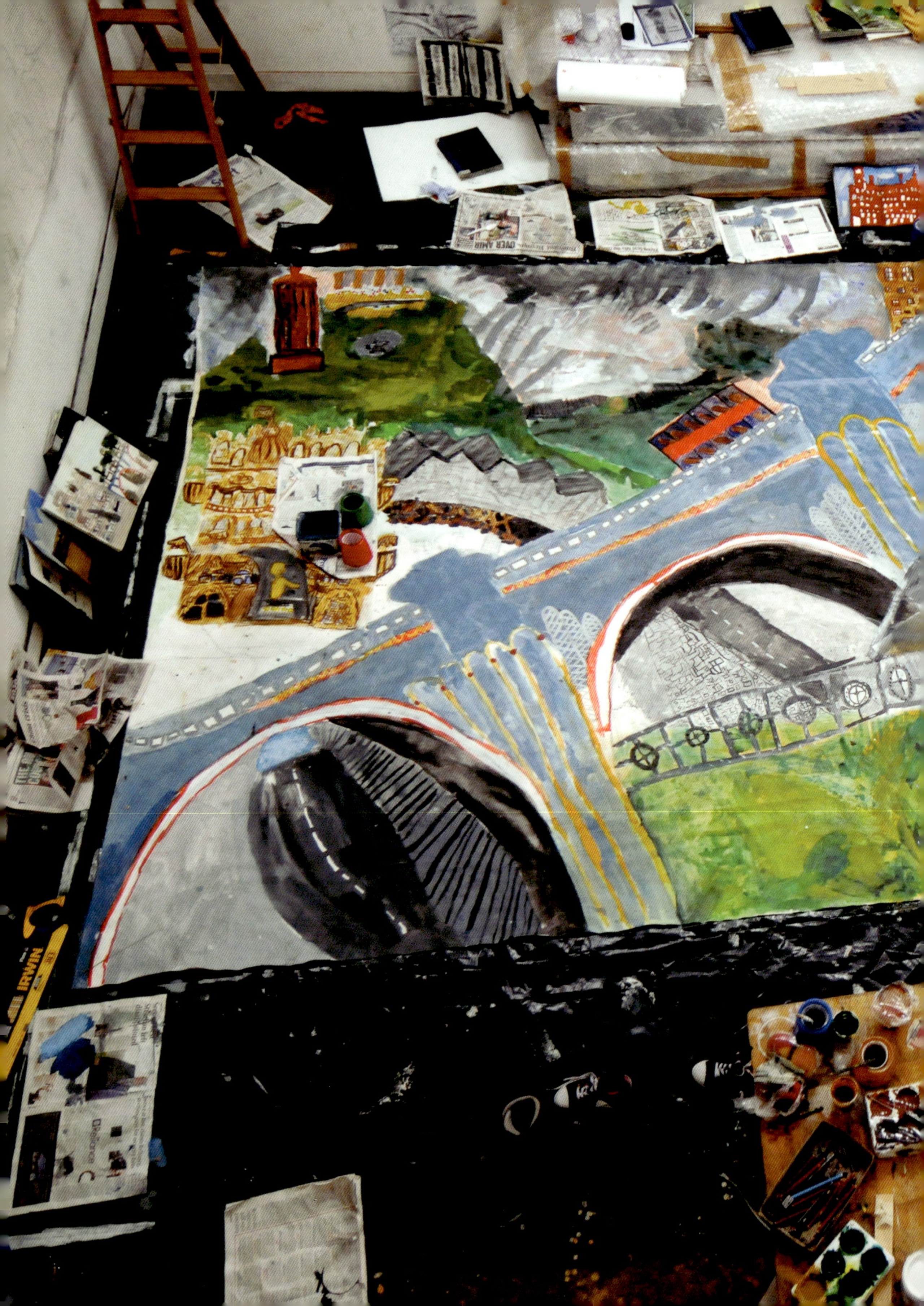
IRWIN

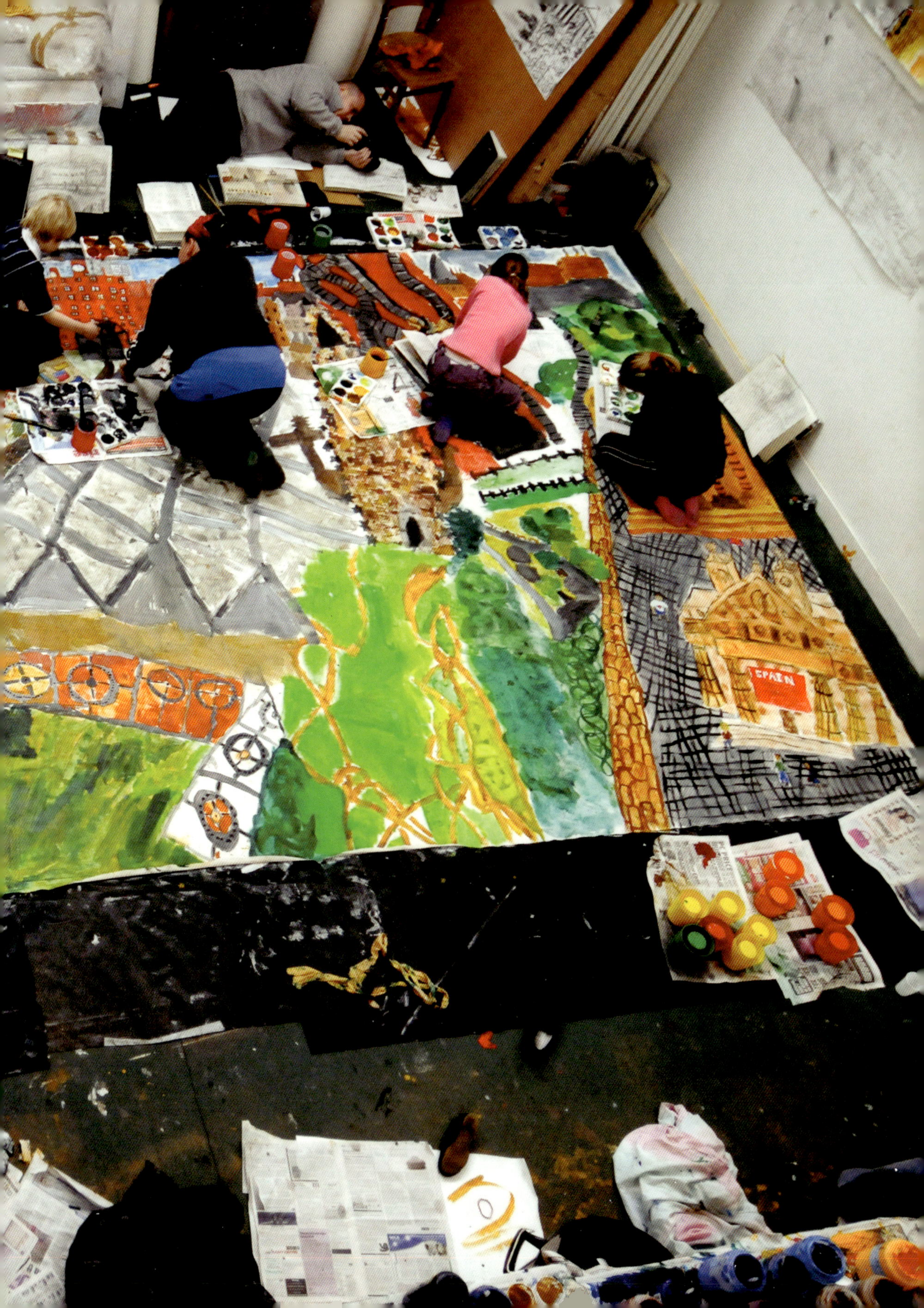

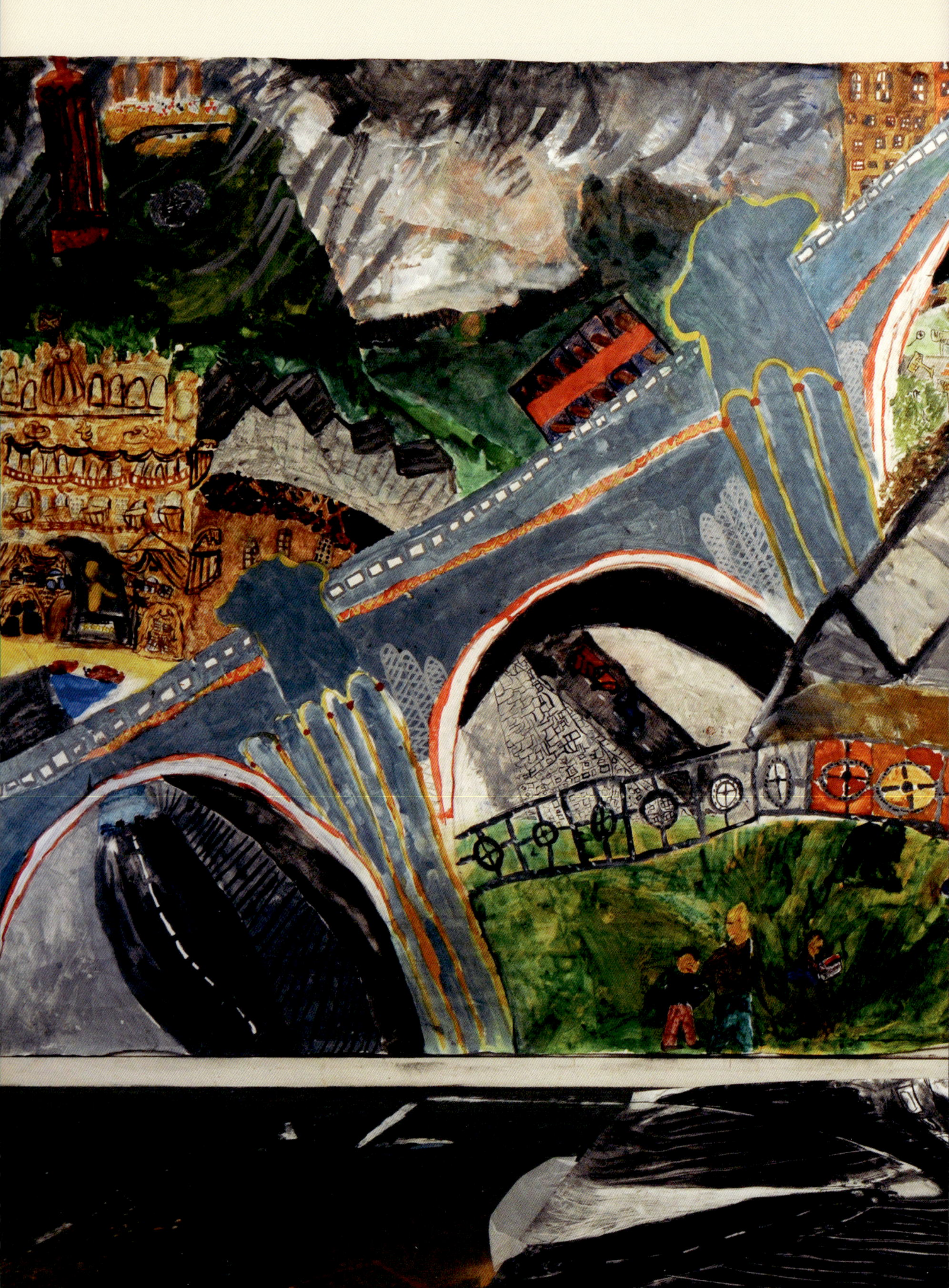

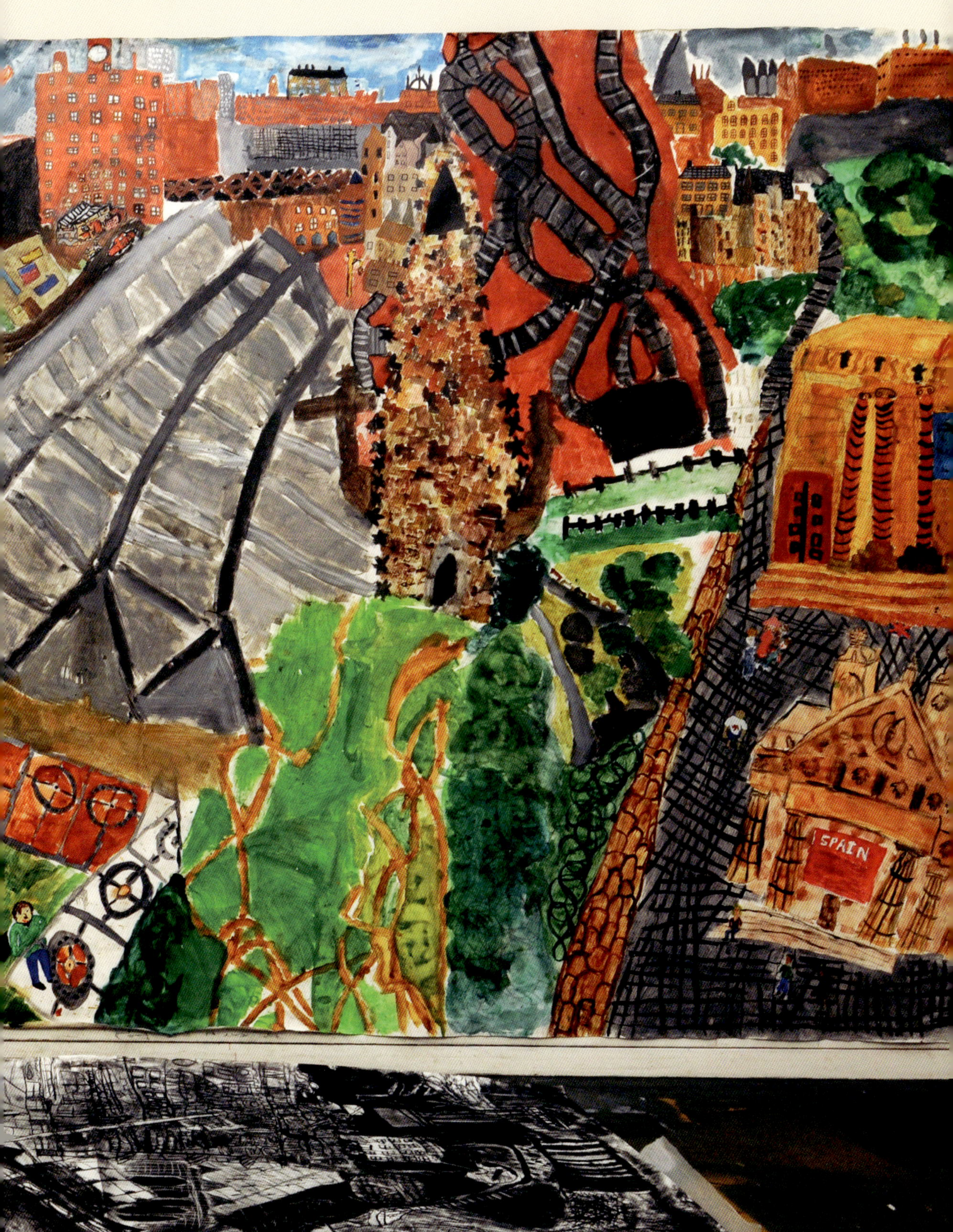
SPAIN

Bun-sgoil Shlèite / Sleat Primary School

Roìsìn Arnold, Artair Brook Young, Stella Brook Young, Lilidh Campbell, Megan Cartwright, Brighde Chaimbeul, Ciorstaidh-Sarah Chaimbeul, Christopher Clyne, Sinead Gorman, Lucy Hannah, Shannon MacDonald, Finlay Macfadyen, Ross MacKenzie, Alasdair MacKinnon, Calum MacKinnon, Danni M. MacKinnon, Hal Marsh, Leo Marsh, Fionn McKee, Aonghas Mehan, Lillie Mehan, Marsaili NicAoidh, Finn Noakes, Isobel O'Neil, Ashton Rayner, Calum Robertson, Lewis Threlfall, Eoin Urquhart, Mairead Urquhart

And / Agus:
Finlay Bolas, Lewis Bolas, Mair Bolas, Eosaph Caimbeul, Irene Clyne, Uilleam Hannah, Ewen Jeffrey, Ross Johnston, Malachy Kelly, Padraig MacAoidh, Victor MacConnell, Breanna Macfadyen, Elizabeth MacInnes, Donnie B. MacKinnon, Eilidh MacKinnon, Matthew MacKinnon, Shona MacKinnon, Fiann MacLeòid, Michael Meechan, Seumas Mehan, Caleb Moore, Lois Moore, Laura Morrison, Aoife Ni Bhaoighill, Robbie Nicolson, Magnus Noakes, Seamus O'Baoighill, Daniel O'Neil,Robbie Threlfall, Ryan Threlfall, Sìleas Urquhart

Teachers / Luchd-teagaisg:
Heather Beaton, Raonaid Brennan, Alice MacVicar, Megan NicChoinnich, Christine Robasdan

Tollcross Primary School / Bun-sgoil Chrois na Cìse

Eleanor Byron, Lewis Callan, Samuel Campbell, Mikaela Carmichael, Neith Donnelly, Alison Gracie, Cameron Greatorex, Euan Hamilton, Amy Heron, Esmè Hutchison, Jacob Hutchison, Willow Iannetta, Rebecca Isles, Amy Kerr, Corrie Lawson, Catriona MacGregor, Sorcha Anna MacIntyre, Anna MacKenzie, Cara MacKenzie McLuskey, Finlay MacKinnon, Sòmhairle MacLeòid, John MacPherson, Elleigh McCulloch, Holly McLeod, Bethany Moohan, Cameron Moohan, Ruairidh Morrison, Alastair Peel, Broderick Sime Scott, Samantha Swann, Angus Webster, Calum Webster

And / Agus:
Chloe Adams, Josephine Dair, Nida Farid, Jamie Hedley, Eesaa Khan, Sophie Knowles, Katie McGee, Hannah Nicol, Kody Raeburn, Daniel Scotland, Hunter Simmons

Teachers / Luchd-teagaisg:
Christine MacLeod, Anne MacPhail, Donna M. MacSween, Clare Lamond (parent)

pages 2–29: see page 119
opposite / fa chomhair: On exchange, Sligachan / Air iomlaid, Sligeachan, 10.9.09

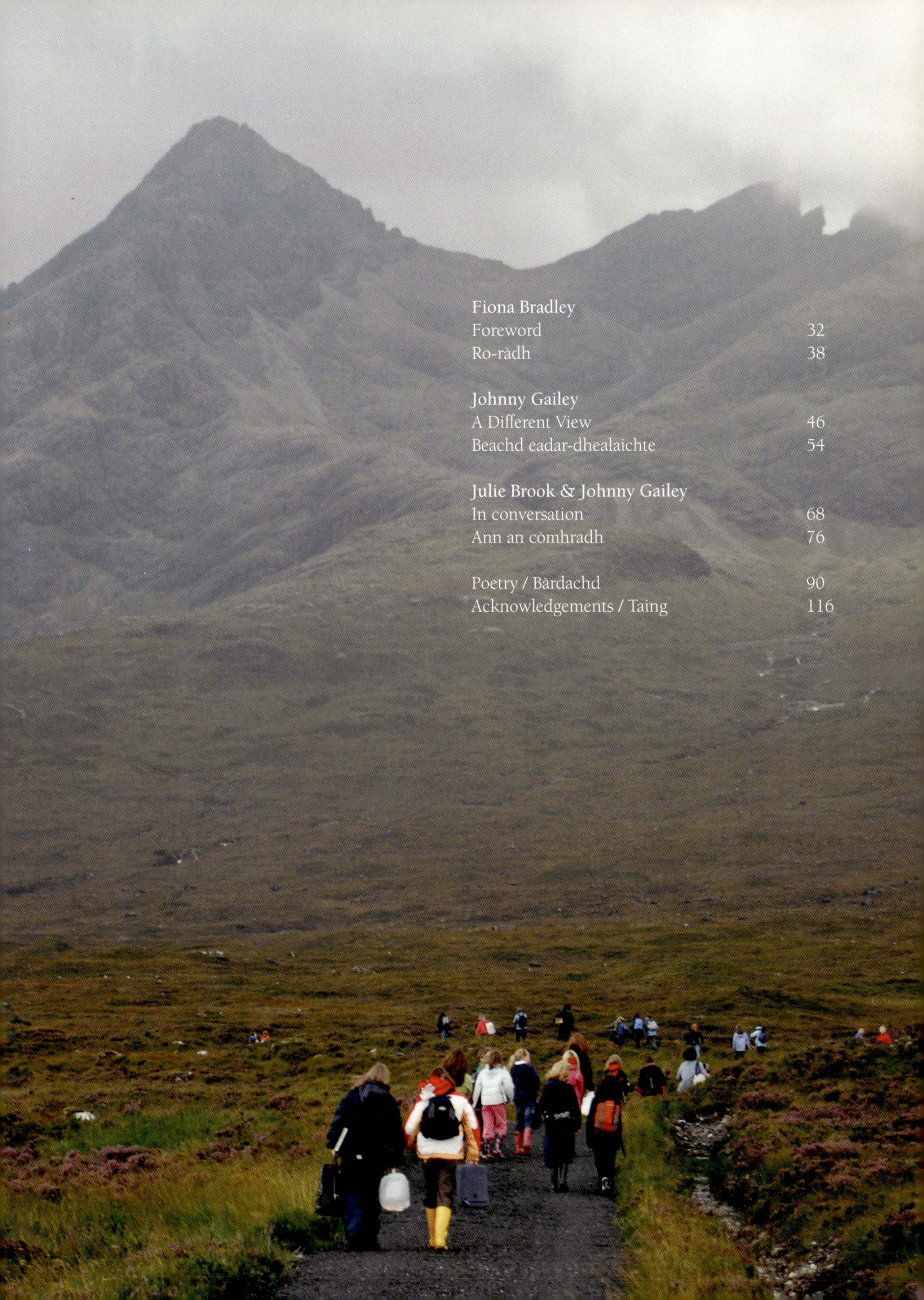

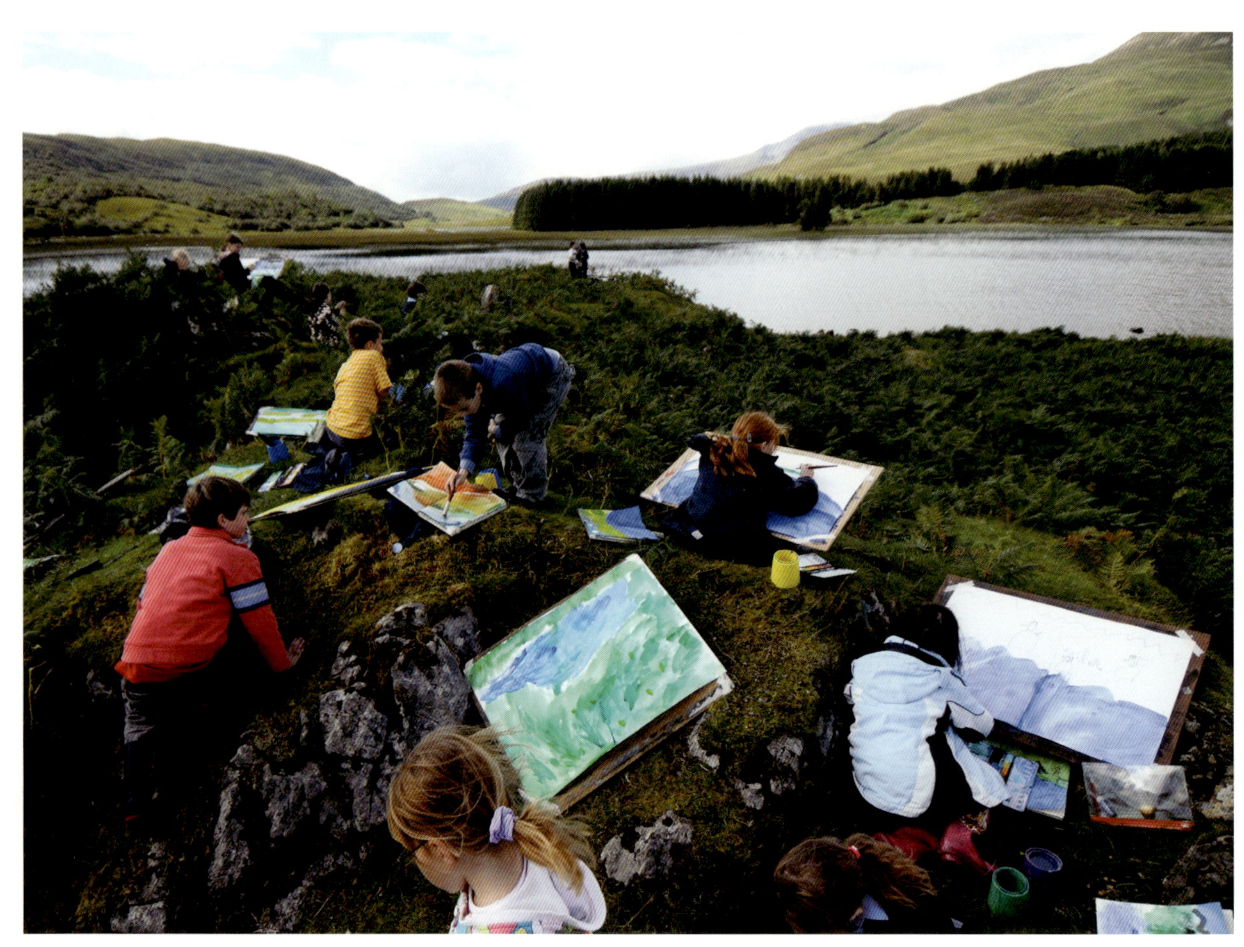

Foreword

Fiona Bradley

Director, The Fruitmarket Gallery

above / gu h-àrd: Glen Swordale / Gleann Shuardail, 24.8.09
opposite / fa chomhair: Union Canal / Canàl an Aonaidh, 18.3.09

This book has been produced to accompany an exhibition and celebrate a process. *Air Iomlaid (On Exchange)* is an ambitious education project conceived by artist Julie Brook and The Fruitmarket Gallery's Children and Young People's Programme Manager Johnny Gailey. Inspired by a process successfully devised and developed by Julie Brook over the last twenty years, this project has been led by Julie, working with a team of artists including Sandra Kennedy, Mary Morrison and Morag MacDonald; Lasair Ealain, the children's art committee at Bun-sgoil Shlèite; and a core group of around sixty pupils from Bun-sgoil Shlèite and Tollcross Primary School together with their parents and teachers.

The children have been involved in an intensive process of art tuition, learning to look, draw and paint in the urban and rural landscapes of Edinburgh and Skye. They have also been working with poets, animators and film-makers, to develop further their engagement with what they see around them. In the words of Julie Brook, they have undergone a process of 'getting fit' artistically, and the results are the stunning individual sketchbooks, drawings and paintings, the collaborative large-scale artworks, and the film which are all brought together in the exhibition.

The project is a testament to the commitment to education that underpins the practice and policy of The Fruitmarket Gallery. Believing that understanding comes through doing as much as through listening and that memorable, interactive experiences lead to effective learning, we have been delighted to work with the children and artists as the project has developed over the last year.

A complex project, *Air Iomlaid* has involved many agencies and organisations. We are enormously grateful to the Scottish Arts Council's Inspire Fund, the project's principal funding body. The priorities of the fund are to extend the reach and nature of engagement with art; to ensure quality artistic engagement; to create potential for new creative partnerships; and to demonstrate lasting outcomes to inspire arts, practice and people. These chime with the Gallery's own aspirations, and the resulting partnership has been mutually productive. The project has also been financially supported by Bòrd Na Gàidhlig and Scottish Natural Heritage, and we thank them for their generosity in this challenging economic climate. In addition, the project has generated enthusiasm, support and commitment from Sabhal Mòr Ostaig, Edinburgh's Napier University, Learning and Teaching Scotland, The Ernest Cook Trust, as well as, of course, Bun-sgoil Shlèite and Tollcross Primary School. We are delighted that, following its showing at The Fruitmarket Gallery, the exhibition is being presented on the Skye at Sabhal Mòr Ostaig, Scotland's Gaelic College, and we thank them for their support in this.

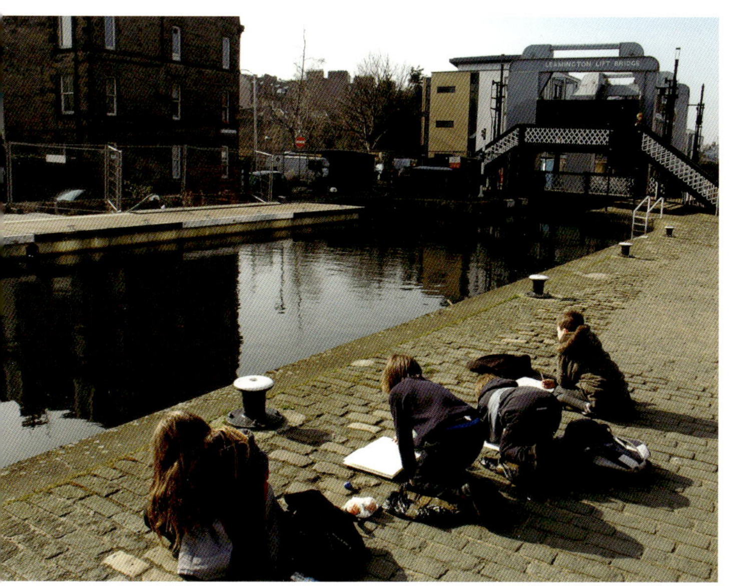

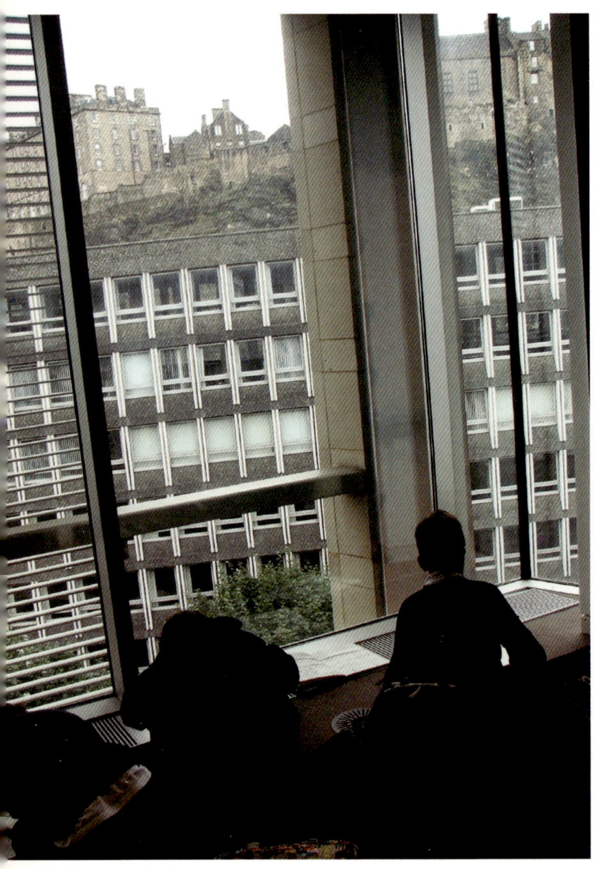

Fundamental to the success of the project, however, has been the enthusiasm of the individuals who have made it happen. We thank all the teachers involved in the project at both schools, particularly Gwen Culbertson, Christine Robasdan, Raonaid Brennan and Megan NicChoinnich at Bun-sgoil Shlèite and Anne MacPhail, Christine MacLeod and Donna MacSween at Tollcross Primary School. Thanks are also due to Claire Nicolson, who helps Julie Brook support the committee of Lasair Ealain.

We owe an enormous debt of gratitude to Julie, whose input, leadership and vision are at the core of this project, and to the team of artists, Sandra Kennedy, Mary Morrison and Morag MacDonald, for their commitment to the project and the process, their inspiration and creativity; to the poets, Màrtainn Mac an t-Saoir and Iain Finlay Macleod for sensitively developing the children's responses; and to those involved in the making of the film, principally Matt Hulse, Ian Dodds and Rhianna Andrews from Young Films.

Air Iomlaid is both a physical and a conceptual exchange. The children have worked in Edinburgh and on Skye, learning from each other and from the different environments and cultures in which we live. They have learned from the artists and from the Gallery and, of course, we in turn have learned from them. We owe them a great deal, and we thank them all.

above / gu h-àrd: Studio at Edinburgh College of Art / Stiùidio aig Colaisde Ealain Dhùn Èideann, 2.9.09
opposite / fa chomhair: **Esmè Hutchison**, Edinburgh College of Art / Colaisde Ealain Dhùn Èideann, 2.9.09

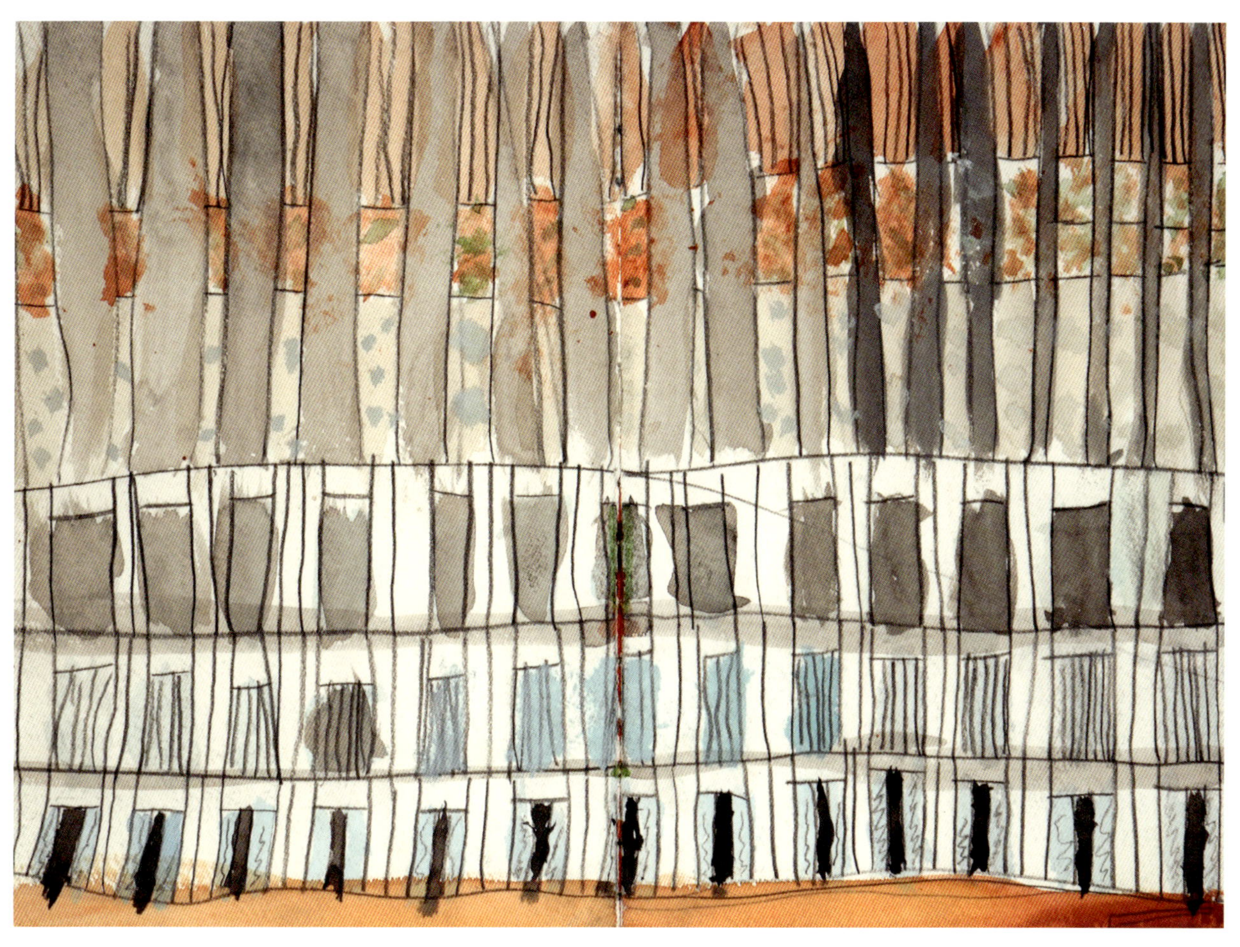

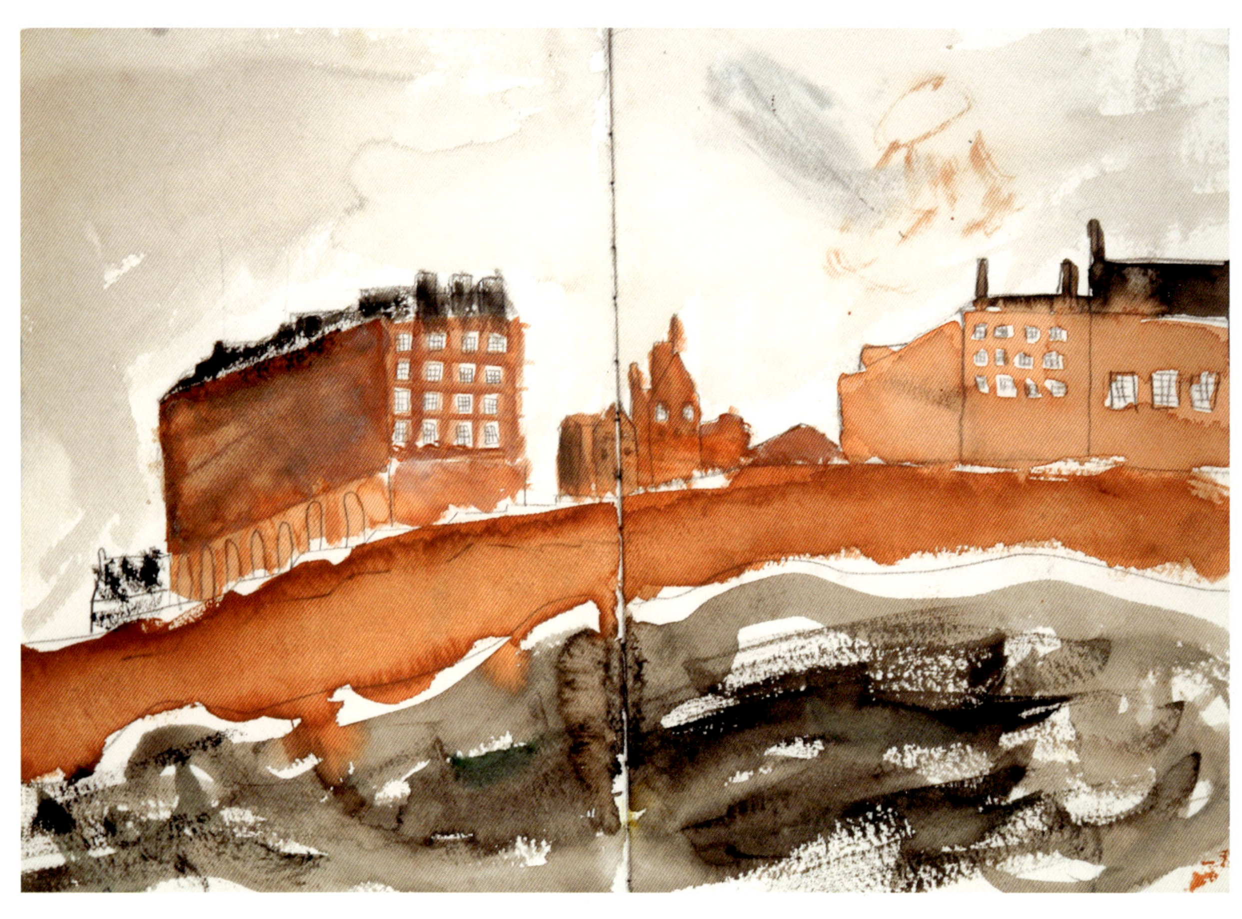

above / gu h-àrd: **Sòmhairle MacLeòid**, Edinburgh Castle / Caisteal Dhùn Èideann, 3.6.09
opposite / fa chomhair: **Broderick Sime Scott**, Fountainbridge / Drochaid an Fhuarain, 13.5.09

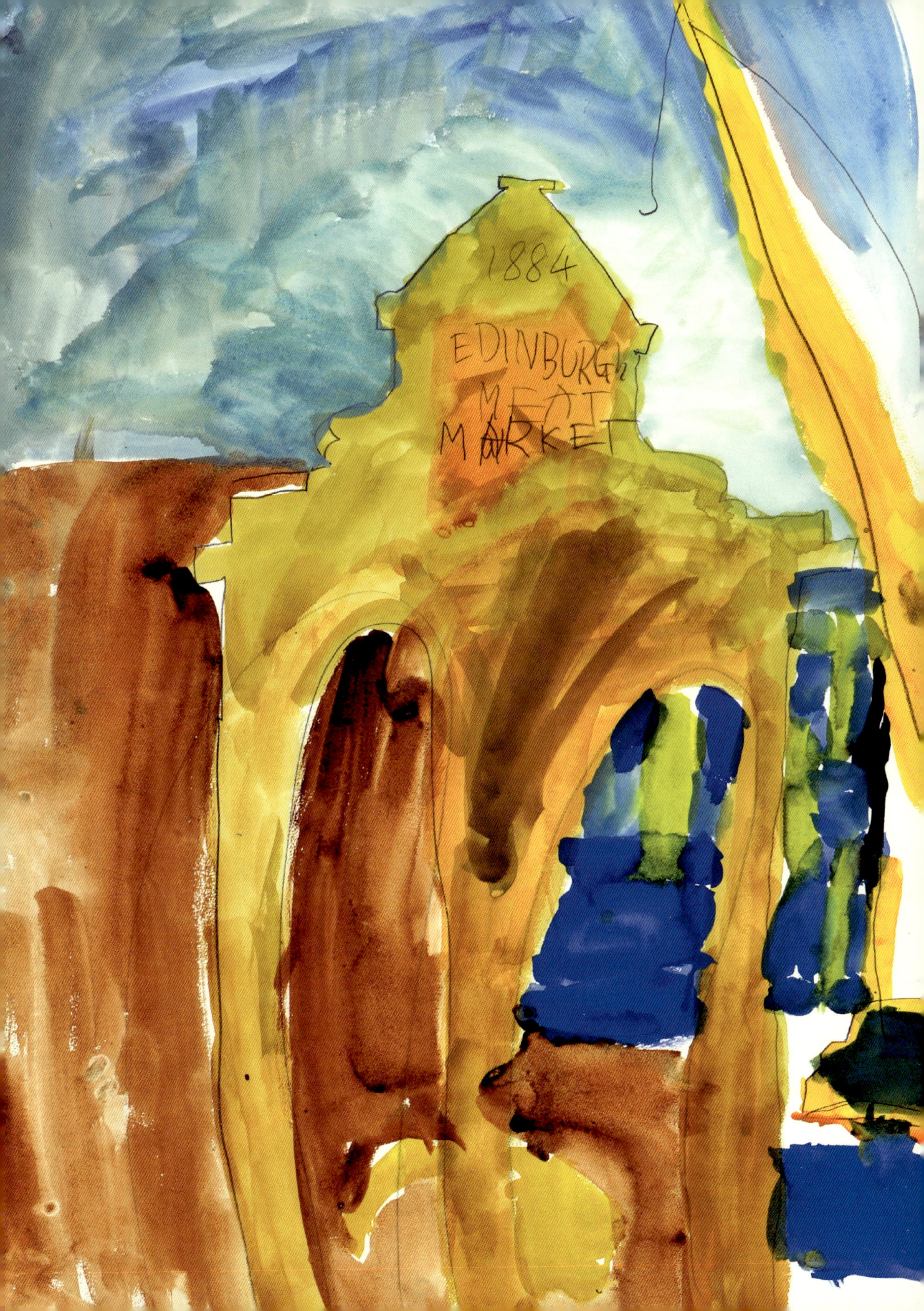
1884
EDINBURGH
MEAT
MARKET

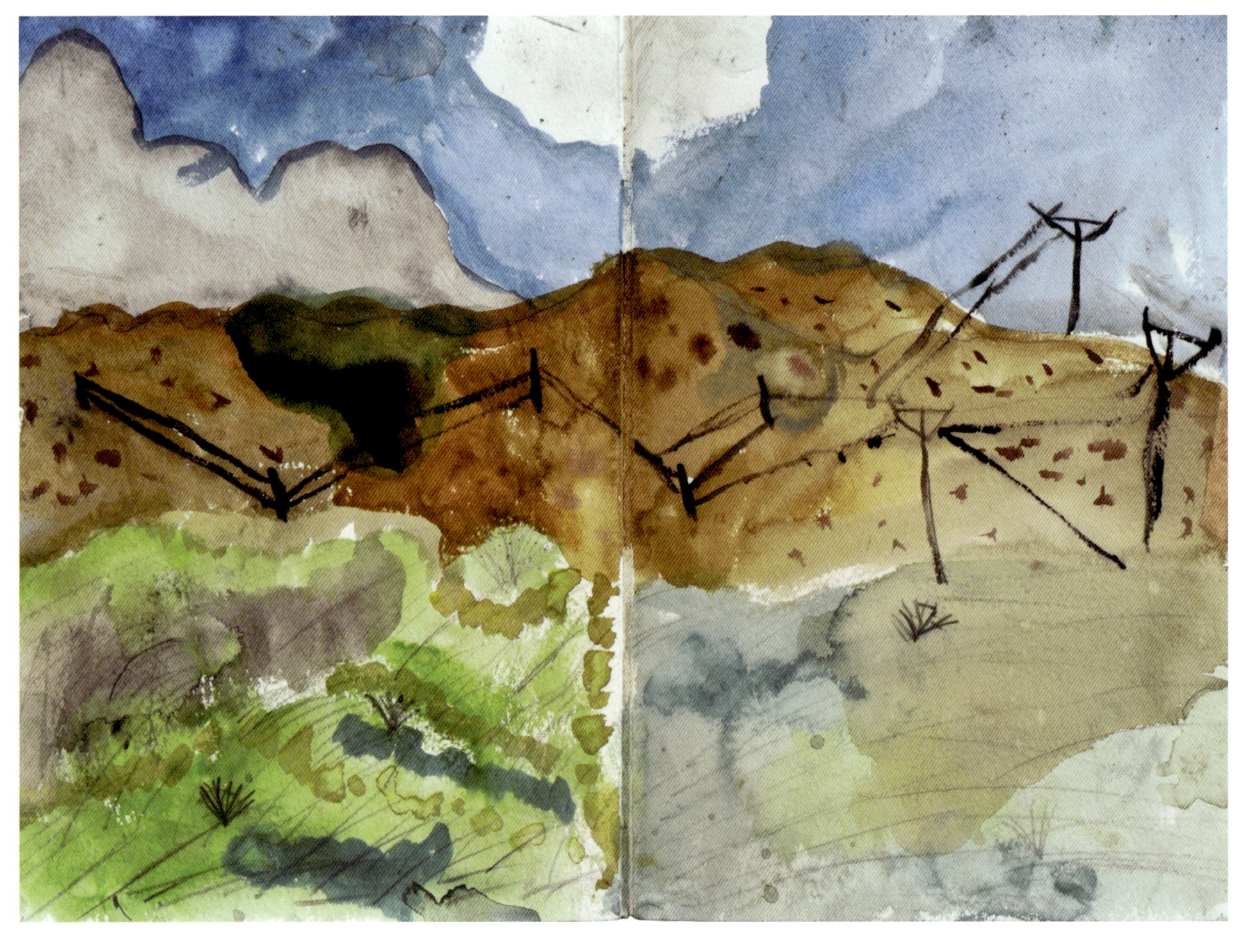

Ro-ràdh
Fiona Bradley

Stiùiriche, The Fruitmarket Gallery

above / gu h-àrd: **Lilidh Campbell**, Sligachan / Sligeachan, 8.6.09
opposite, above / fa chomhair, gu h-àrd: Discussing work / A' beachdachadh air obair, 10.6.09
opposite, below / fa chomhair, gu h-ìseal: On the bus at Kyleakin / Air a' bhus aig Caol Acain, 20.5.09

Chaidh am foillseachadh seo a chur ri chèile gus taic a thoirt do thaisbeanadh agus gus pròiseas a ghlèidheadh. Is e pròiseact foghlaim brosnachail a th'ann *Air Iomlaid (On Exchange)* a chaidh a thòiseachadh le Julie Brook agus Manaidsear Prògram Òigridh Chloinne is Dhaoine Òga The Fruitmarket Gallery, Johnny Gailey. Tro phròiseas a chaidh a dhealbhadh agus a leasachadh le Julie Brook thar na fichead bliadhna a dh'fhalbh, bha am pròiseact seo air a stiùireadh le Julie, ag obair le sgioba de luchd-ealain a' toirt a-steach Sandra Kennedy, Mary Morrison agus Morag MacDonald; Lasair Ealain, comataidh ealain na cloinne aig Bun-sgoil Shlèite; agus prìomh bhuidheann de thimcheall air seasgad sgoilear à Bun-sgoil Shlèite agus Bun-sgoil Chrois na Cìse còmhla ris na pàrantan agus an luchd-teagaisg aca.

Tha a' chlann air a bhith an sàs ann an pròiseas dian de theagasg ealain, ag ionnsachadh mu bhith a' coimhead, a' dealbhadh agus a' peantadh ann an dealbhan-tìre bailteil is dùthchail Dhùn Èideann agus An Eilein Sgìtheanaich. Tha iad cuideachd air a bhith ag obair le bàird, beothadairean agus luchd-fiolmaidh, gus am brosnachadh a leasachadh nas motha mu na tha iad a' faicinn mun cuairt orra. Ann am briathran Julie Brook, tha iad air a dhol tro phròiseas "faighinn sunndach" gu h-ealaineach, agus chithear an toradh anns na leabhraichean-dealbh sgoinneil aca, na dealbhan agus na dealbhan-peantaidh, agus an obair-ealain mòr co-obrachaidh agus am fiolm a tha air an toirt còmhla anns an taisbeanadh agus mar a tha sin follaiste anns an leabhar seo.

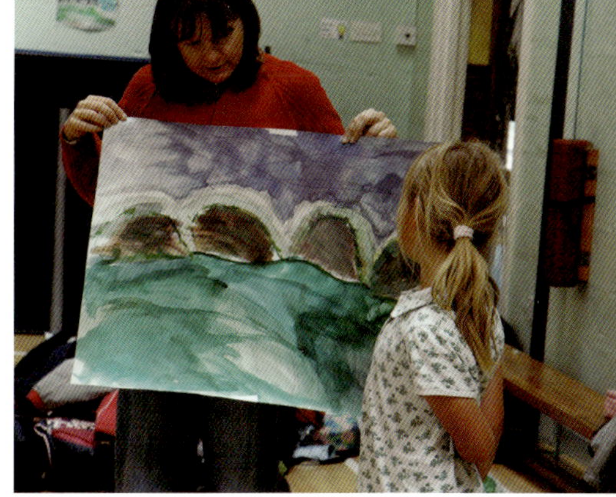

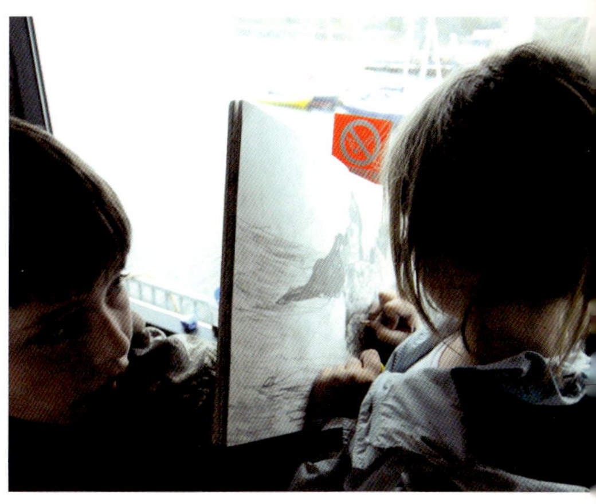

Tha am pròiseact seo mar thaisbeanadh air cho dìcheallach sa tha The Fruitmarket Gallery anns a' choileanaidh agus a' phoileasaidh aca a' toirt taic do fhoghlaim. Le bhith a' creidsinn gun tig tuigse a' cheart cho math tro bhith a' dèanamh sa thig bho bhith ag èisteachd agus gu stiùir eòlas-beatha ainmeil agus eadar-ghnìomhach sinn gu ionnsachadh èifeachdach, tha e air toileachas mòr a thoirt dhuinn a bhith ag obair leis a' chlann agus an luchd-ealain mar a ghluais a' phròiseact air adhart thairis air a' bhliadhna a' dh'fhalbh.

Is e pròiseact ioma-fhillte a bh'ann an *Air Iomlaid*, agus thug e a-steach mòran de bhuidhnean. Tha sinn air leth taingeil do dh'Ionmhas Brosnachail Comhairle Ealain na h-Alba, bhon tàinig prìomh mhaoineachaidh a' phròiseict. Is e prìomhachasan an ionmhais a bhith a' leudachadh ruigsinneachd agus nàdur ceangail le ealain; gus dèanamh cinnteach gu bheil sàr-ealantachd sa cheangal; gus cothrom a chruthachadh airson com-pàirteachasan cruthachail ùra agus gus toraidhean seasmhachd a dhearbhadh gus ealan, cleachdadh is daoine a bhrosnachadh. Bidh iad sin comhfhurtail ri taobh amasan a' Ghallery fhèin, agus tha an com-pàirteachas a thàinig na chois air a bhith co-tharbhach. Fhuair a' phròiseact taic maoineachaidh cuideachd bho Bhòrd na Gàidhlig agus bho Dhualchas Nàdair na h-Alba, agus tha sinn a' toirt taing dhaibh airson a bhith cho fialaidh aig an àm dùbhlannach seo don eaconomaidh. A bharrachd air an sin, tha am pròiseact seo air ùidh, taic agus gnìomhachd a dhùsgadh aig Sabhal Mòr Ostaig, Oilthigh Napier Dhùn Èideann, Ionnsachadh is Teagaisg na h-Alba, Urras Ernest Cook, a bharrachd air, mar a bhiodh dùil, Bun-sgoil Shlèite agus Bun-sgoil Chrois na Cìse. Tha sinn air leth toilichte, an dèidh don taisbeanadh nochdadh aig The Fruitmarket Gallery, thèid an taisbeanadh air adhart san Eilean Sgìtheanach aig Sabhal Mòr Ostaig, Colaiste Gàidhlig na h-Alba, agus tha sinn a' toirt taing dhaibh airson an cuid taic leis an seo.

Ge-tà, tha dealasachd an fheadhainn a thug seo gu crìch air a bhith bunaiteach a thaobh soirbheachas a' phròiseict. Tha sinn a' toirt taing don luchd-teagaisg a bha an sàs anns a' phròiseact aig gach sgoil, gu sònraichte Gwen Culbertson, Christine Robasdan, Raonaid Brennan agus Megan NicChoinnich à Bun-sgoil Shlèite agus Anna NicPhàil, Cairistìona Nicleòid agus Donna NicSuain à Bun-sgoil Chrois na Cìse. Tha sinn cuideachd a' toirt taing do Claire NicNeacail a tha a' cuideachadh Julie Brook le bhith a' toirt taic do chomataidh Lasair Ealain.

Tha sinn gu mòr an eisimeil Julie, oir is e na chur i ris, an stiùireadh aice agus an lèirsinneachd aice a tha aig cridhe a' phròiseact seo, agus cuideachd don sgioba luchd-ealain, Sandra Kennedy, Mary Morrison agus Morag MacDonald, airson cho dealasach sa bha iad don phròiseact agus don phròiseas, cho brosnachail agus cho cruthachail sa bha iad; taing do na bàird, Màrtainn Mac an t-Saoir agus Iain Fionnlagh Macleòid airson a bhith a' leasachadh gu socair freagairtean na cloinne; agus don fheadhainn a bha an sàs anns an fhiolm, gu sònraichte Matt Hulse, Ian Dodds agus Rhianna Andrews bho Young Films.

Is e iomlaid chorporra agus bun-smuaineachail a tha ann *Air Iomlaid*. Tha a' chlann air a bhith ag obair ann an Dùn Èideann agus san Eilean Sgìtheanach, ag ionnsachadh bho chèile agus bho na h-àrainneachdan agus na cultairean eadar-dhealaichte anns a bheil sinn beò. Dh'ionnsaich iad bhon luchd-ealain agus bhon Ghallery agus, gu cinnteach, dh'ionnsaich sinn fhìn bhuapa. Tha sinn gu mòr nan eisimeil, agus tha sinn a' toirt taing dhaibh uile.

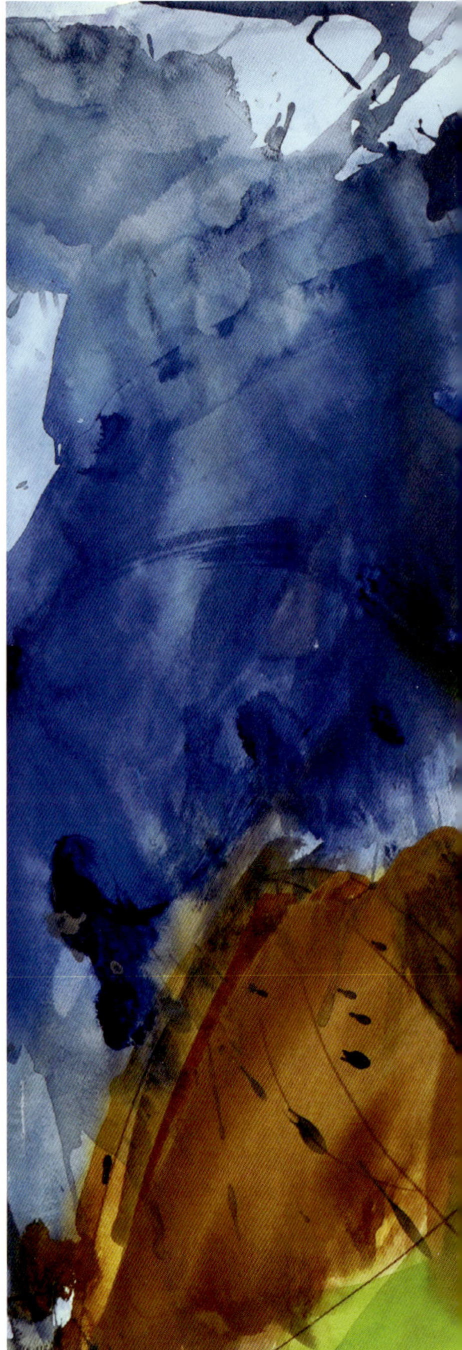

Finn Noakes, Beinn na Caillich, 25.5.09

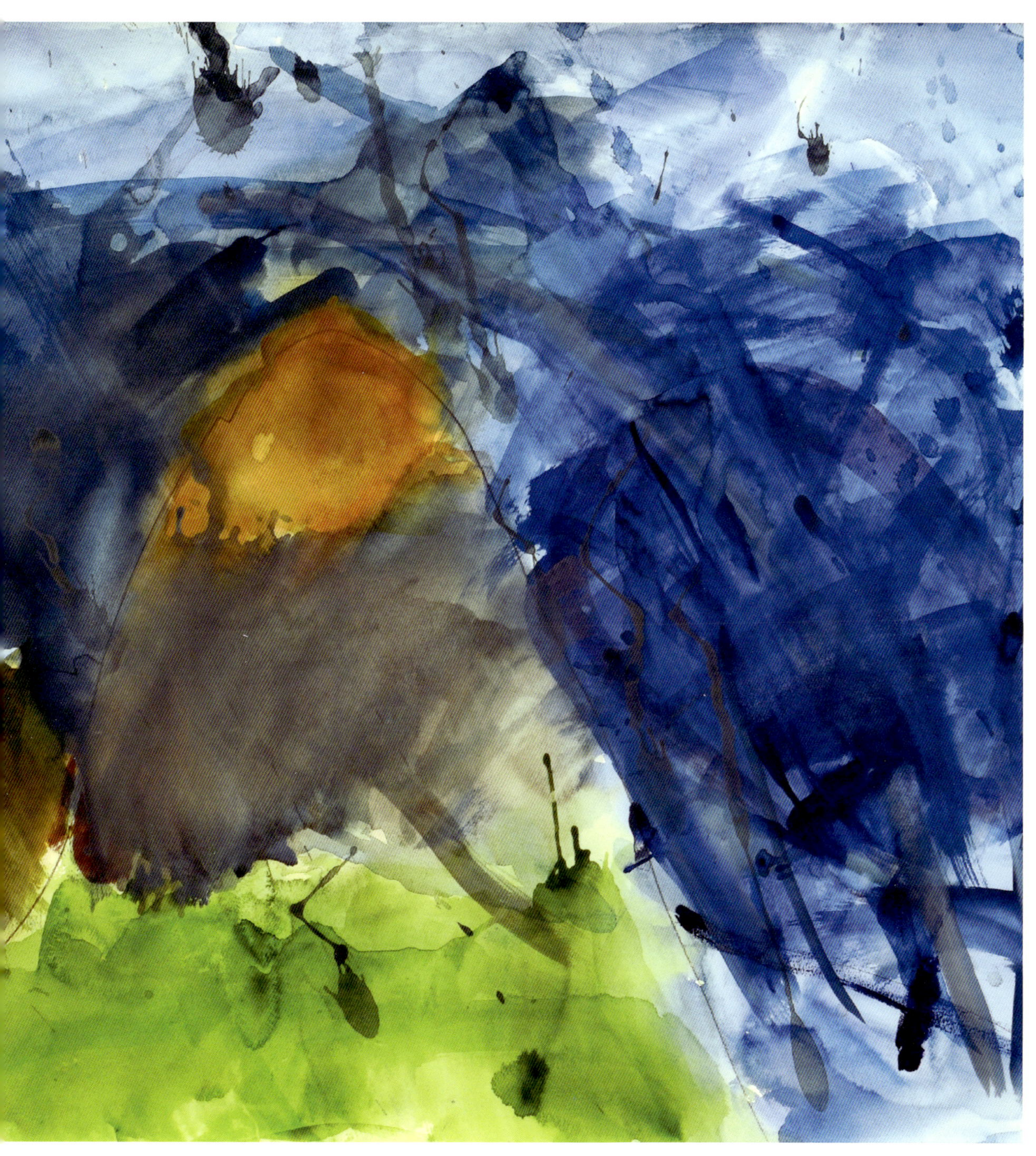

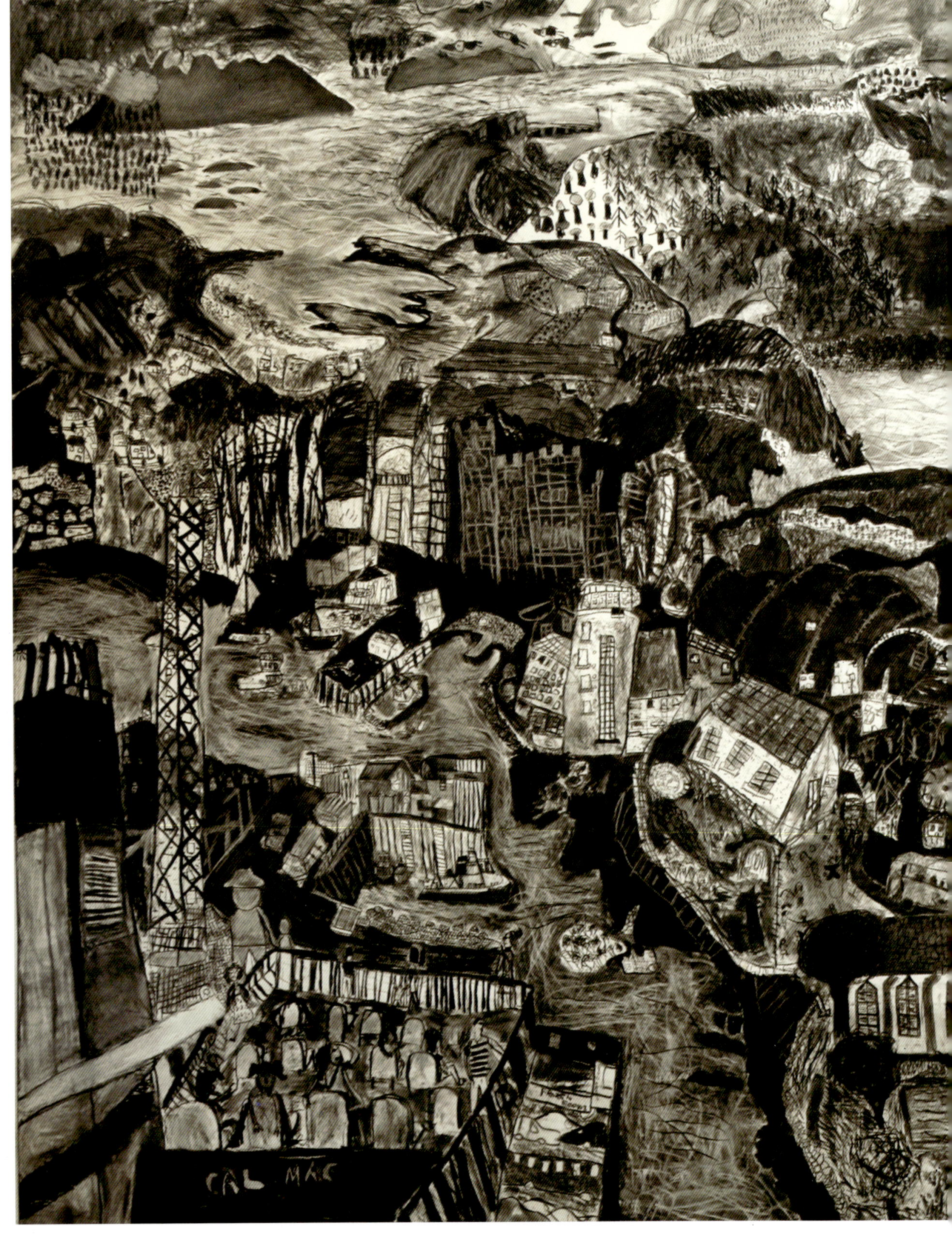
CAL MAC

Fold-out / Pàisg a-mach: Collective drawing of Sleat, Skye by pupils from Bun-sgoil Shlèite / Dealbh buidhne de Shlèite, An t-Eilean Sgìtheanach le sgoilearan bho Bun-sgoil Shlèite, 2009

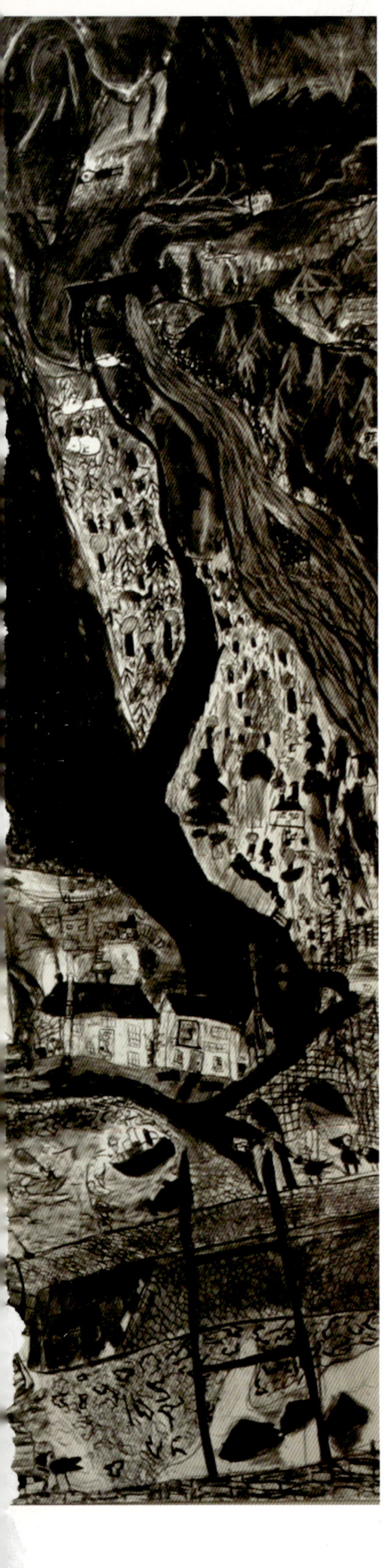

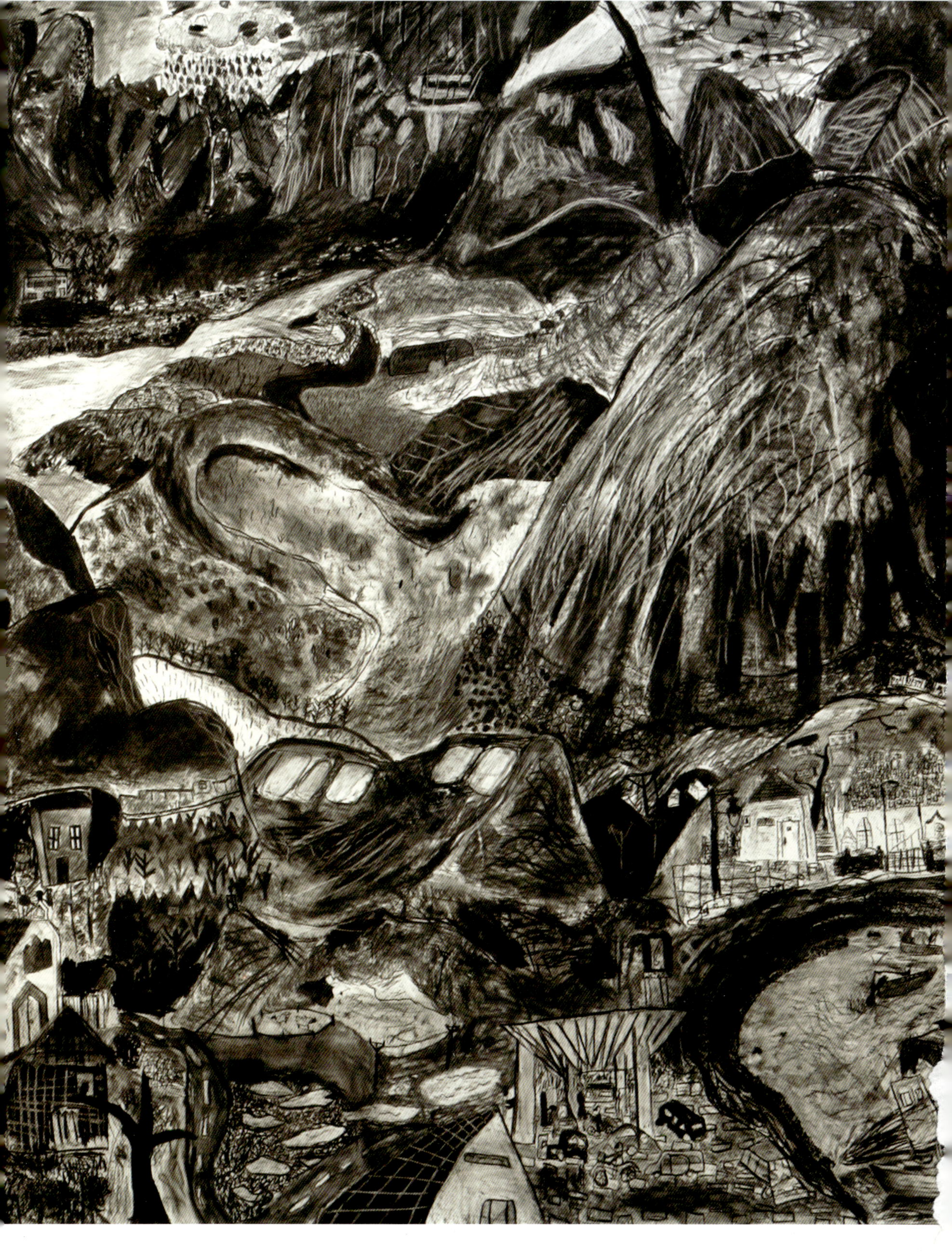

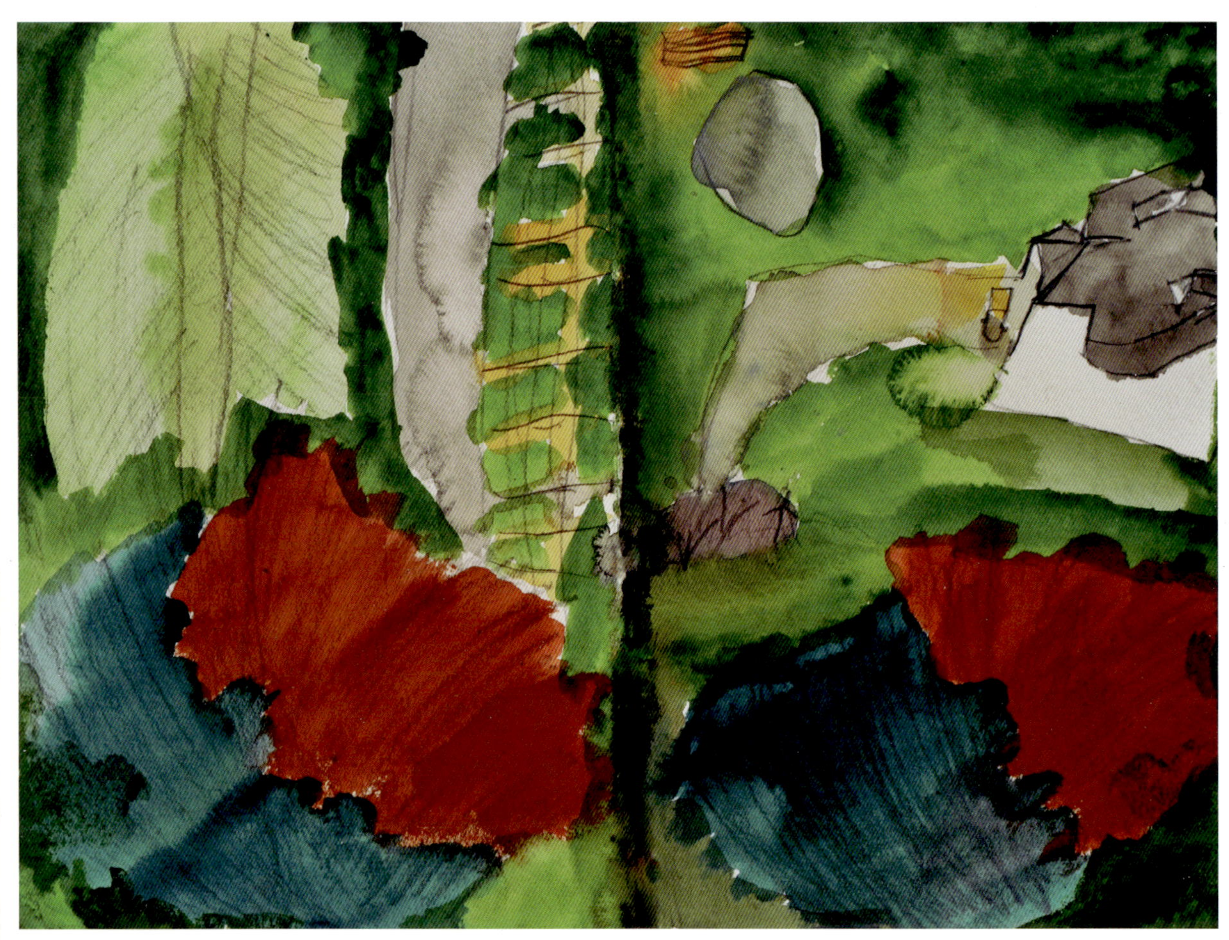

A Different View
Johnny Gailey

Children and Young People's Programme Manager, The Fruitmarket Gallery

Aonghas Mehan, Tarskavaig / Tarsgabhaig, 3.6.09

I feel like I've been here before, but know I haven't.
Tollcross Primary pupil at Torrin, Skye

Any exhibition of the work of sixty artists presents the viewer with a wealth of material and this book, and the exhibition it accompanies, shows that this is certainly the case with *Air Iomlaid (On Exchange)*. This ambitious project has developed the artistic skills of a group of Gaelic-speaking primary school children from two schools over the course of one year. Positioned somewhere between an education and an exhibition project, it is the result of a meeting between myself, artist Julie Brook and The Fruitmarket Gallery's Director, Fiona Bradley, early in Autumn 2007.

Over the past two decades, Julie has developed and realised a number of large-scale educational projects in Scotland. That Autumn, she was in Edinburgh showing work from one such project, An Dealbh Mòr, at the Scottish Parliament. An Dealbh Mòr was a collaborative arts project between a team of artists led by Julie and Kath Macleod and the children from Lasair Ealain, a committee of primary pupils from Bun-sgoil Shlèite on the south end of Skye (their name translates from the Gaelic as 'a blaze of art'). At the event's opening I was struck by the quality of the pupils' paintings on display, yet felt the work was somewhat let down by its presentation on panels and the limited lighting of this admittedly non-gallery environment. In discussion with an MSP who sat on the Scottish Parliament's Art Advisory Group, I remarked on this and suggested that some of these should be presented properly in the permanent collection of the Parliament. 'Unfortunately', I was told, 'we don't accept donations'. I wasn't talking about a donation …

The wish to work with Julie was born then: from the thorough and inspirational quality of her teaching as evidenced in the work; from the model of a project led by children, in this case, the children of Lasair Ealain; and from a sincere desire to give work of this quality its proper due.

The Fruitmarket Gallery has an established education programme through which it provides arts activities for primary and secondary schools throughout the Lothians. The programme offers pupils the opportunity to learn through active, experiential learning processes, using the Gallery's programme as a springboard for participant-focused, practical art-making activity which augments the schools' delivery of the curriculum.

However, our interest in working with Julie and Lasair Ealain coincided with the advent of the Scottish Arts Council's Inspire Fund, and we took the opportunity to develop a project which was much deeper than, and would work in addition to, our normal engagement with schools. In discussions it soon seemed obvious, given that Julie and Lasair Ealain are based in the Gaelic primary school Bun-sgoil Shlèite on Skye and The Fruitmarket Gallery is in Edinburgh, that a possible structure for an ambitious project would be an exchange between the pupils of Bun-sgoil Shlèite and Tollcross Primary School, which is the Gaelic medium school in Edinburgh.

The result is *Air Iomlaid (On Exchange)*. A core group of around sixty pupils from the two schools (P6 and P7 in Edinburgh, and from P4 to P7 in Skye) were asked to investigate their physical, linguistic and virtual environments, while considering some of the forces that shape them. So, for instance, the children from Tollcross visited the

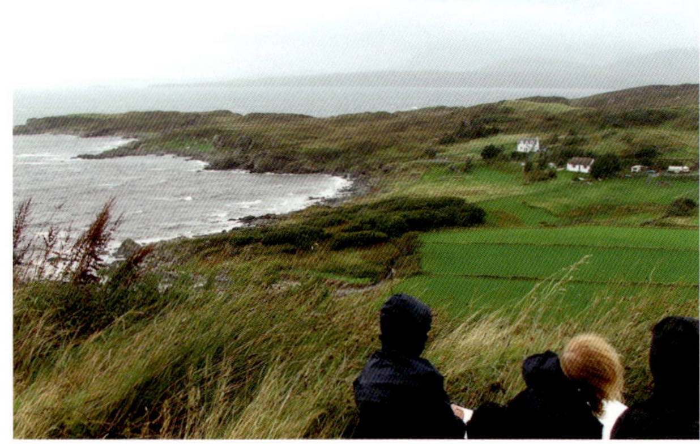

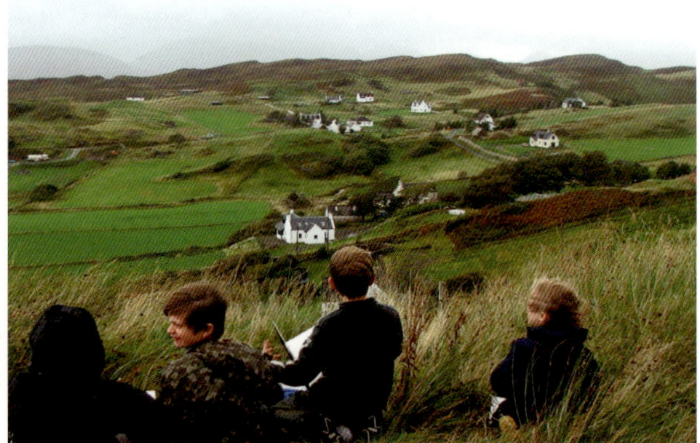

Tarskavaig / Tarsgabhaig, 8.9.09

towpath near their school over a number of weeks, looking at the canal that took the beer (the smell of which is so characteristic to Edinburgh) from the brewery, which is now a vacant lot because the proposed Bank of Scotland's global headquarters has been mothballed due to the current economic climate, which also caused the construction of the new build flats in the site across the road to stall.

In the summer term of 2009, the children from Edinburgh and Skye were taken out weekly by a committed team of professional artists led by Julie (working with Sandra Kennedy on Skye and Mary Morrison and Morag MacDonald in Edinburgh), to draw and paint outside in their own immediate environments. The purpose of these workshops was primarily to build an understanding of and familiarity with the materials being used (charcoal and paint), but also to gather information and build knowledge of their own surroundings.

The children visited a range of sites – the canal, the ferry terminal, a construction site, a graveyard, a garage, a harbour, the brewery, the castle – and their progress over these twelve weeks was marked. By the end of the term they were choosing their view more wisely, evidence that they were learning how to look. They were exhibiting a more sustained concentration, painting the same picture for an hour and a half in some cases, and knew exactly how to work. They were more confident in their use of materials as they understood the specific qualities of each medium. And their work changed from looking like coloured drawings to having the visual integrity of paintings.

In the autumn of 2009, the children undertook an exchange, visiting and hosting their partner school for a week to observe, draw and paint their new environment, while blogging about what they were doing. They then further explored and shared their experiences through group reviews of their artwork and poetry workshops.

The two weeks of the exchange and what the children have learned over this time form the heart of the project, the fulcrum on which the project turns. As many adults will testify, school trips are a large part of one's memories, and during both weeks the children experienced a wide range of activities: a barbeque, ceilidh and concert on Skye; and a cinema trip, an Old Town walking tour, bowling, gallery visits and a chip supper (with salt 'n' sauce!) in Edinburgh. Some children elected to stay with host families, and we hope that these memories and connections will continue for years to come.

The week in a different environment offered new challenges and opportunities to the children as they worked together and saw things with fresh eyes – a different palette, a busier or less busy built environment, and varied ways of working – and their art responded accordingly, taking off from their previous work. We witnessed the children from both groups raise their game as they worked side by side, determined to make the most of the opportunity afforded by the exchange. The paintings the children produced over these two weeks are stunning.

Following the exchange, the pupils from the two schools were each set to work as a group to create two large-scale compositions in charcoal – one of their home environment and one of their visited environment. Taking information directly from their own drawings, the children rose to the new challenge of working together on a potentially daunting scale. Roles had to be negotiated, and teamwork and communication came to the fore.

These four drawings as they come together in the exhibition at The Fruitmarket Gallery of work produced during *Air Iomlaid (On Exchange)* allow the viewer to see a range of formal interplays. Both the Skye children's view of Skye and the Edinburgh children's view of Edinburgh are crammed with visual information, amassed over a dozen ventures into their local environments. The pictures are alive with details observed and present an in-depth, almost topographical, study of their immediate, home surroundings.

In contrast, the pictures made on exchange presented a different representational problem which produced a different artistic result. At the site of both exchanges, the children visited three locations. Their visual references were fewer than at home and were concentrated in unconnected locations. In both the weeks of exchange, the first day out painting and drawing in the landscape happened to be in extreme weather, which conditioned the children's drawings – gales in Tarskavaig in Skye, and a downpour on Calton Hill in Edinburgh. The large compositions made away from home are a specific and more emotional depiction of their environment – wet footprints on a boggy path at Sligachan, and the rain that came in from the west to force us all back on the bus at Loch Scavaig feature in the picture of Skye, an image of children sheltering under umbrellas to draw forms part of the view glimpsed on Calton Hill. The compositions become representations not of a place, but of a visit to a place – an experiential depiction. This shift is key to the children's (and the viewers') understanding of an environment; where they place themselves in relation to that environment; and their role as agents in the shaping of an environment through perception.

The subjective nature of the children's responses was explored further throughout the final stage of the project in Spring 2010. They worked collectively on the large-scale paintings, exploring compositional work through colour. They also worked as smaller teams in animation workshops, responding to the issue of how to present

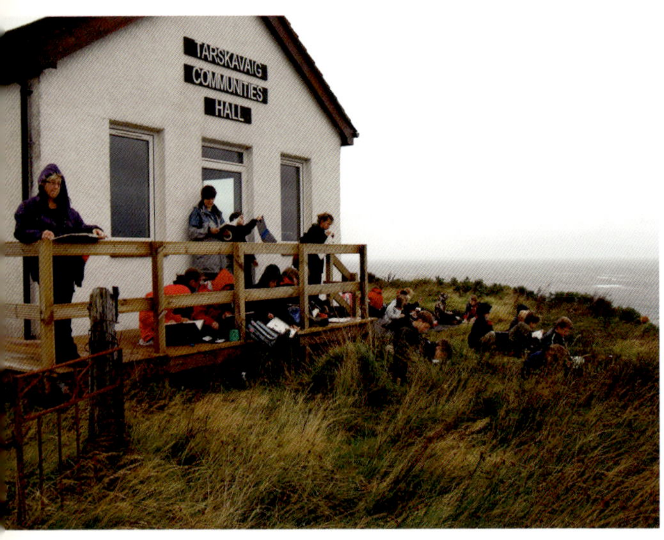

time and movement in their work, and creating poems collaboratively under the guidance of poets Màrtainn Mac an t-Saoir and Iain Finlay Macleod. The move into animation and poetry allowed the children to explore further how they might communicate their response to the experience of the exchange.

The exchange to Edinburgh also allowed the children to visit The Fruitmarket Gallery for the first time, and we observed their realisation that their work was going to be presented in a major, publicly-funded art gallery. Showing the children the work of the historically significant German-born American artist Eva Hesse, the exhibition that was being shown at the time of their visit, Julie remarked on Hesse's distinctive style and pointed out to the children that if any of the artists working on the project were to be presented with one of the children's sketchbooks, they would be able to tell whose it was. I believe this – not just because the artists have spent considerable time with the children tutoring their artwork – but more importantly because rather than just teaching them to paint, they have allowed each of the children to develop his or her own individual style.

The distinctive approaches that each child took to the landscape have provided a rich body of artworks which sustain both the exhibition and this publication. The drawings and paintings are not just mere physical depictions of an environment, but are manifestations of their conditions of production: the location, the climate and the children's own concentration and engagement. Julie writes on the *Air Iomlaid* blog of how 'the days at Sligachan and on the plaza at the National Galleries of Scotland had the very best quality that I have occasionally experienced myself working in the landscape – a magical symbiosis when everything comes together.'

It is tempting, but probably too easy and superficial, to concentrate on what is different in the representations of Edinburgh and Skye. Perhaps what is more important is to focus on what is shared by all the pupils and the artists working with them on the project – a sustained commitment to drawing, painting and direct observation, and an incredible investment of time, energy and talent.

above / gu h-àrd: Tarskavaig / Tarsgabhaig, 8.9.09
opposite / fa chomhair: Sorcha Anna MacIntyre, Tarskavaig / Tarsgabhaig, 8.9.09

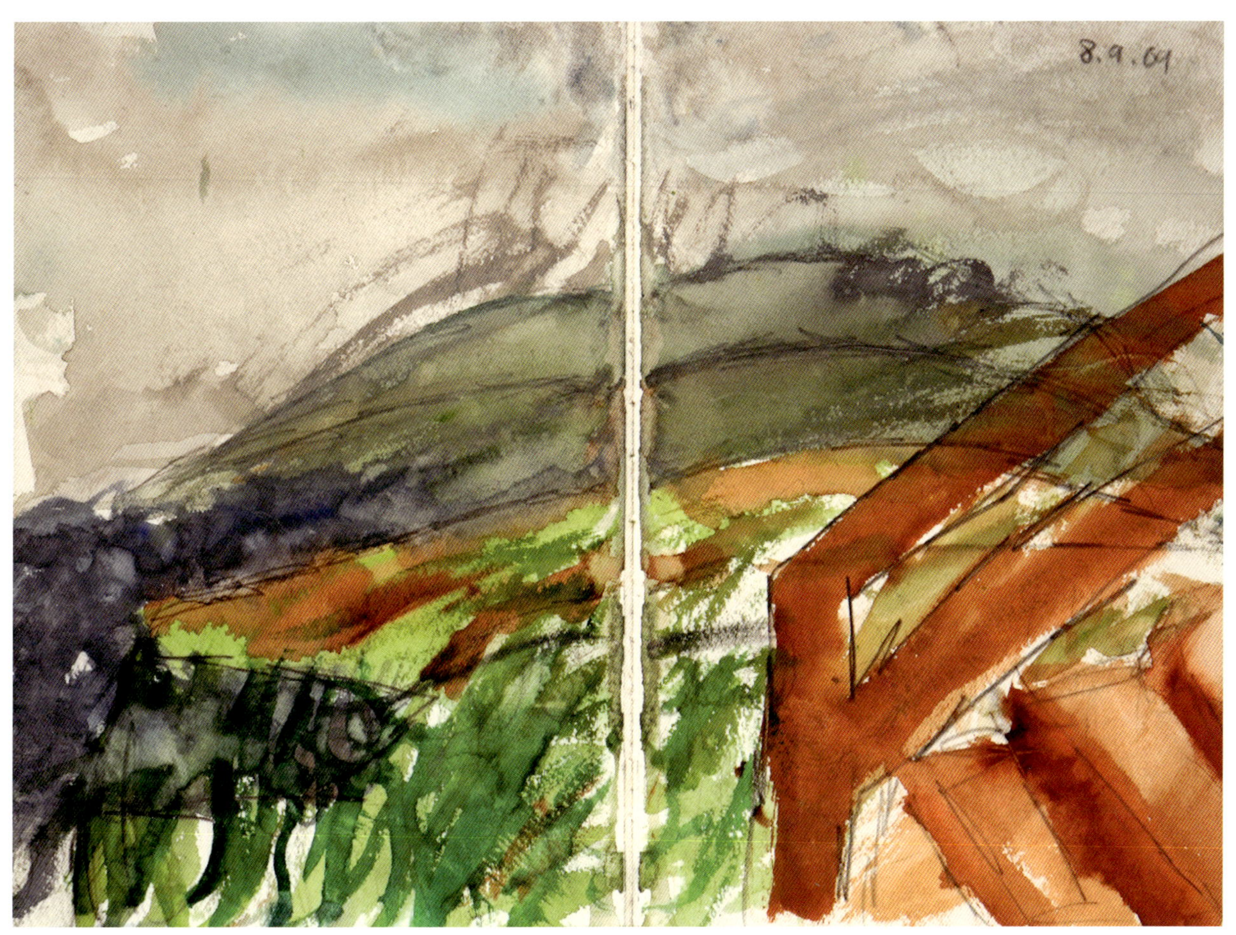
8.9.04

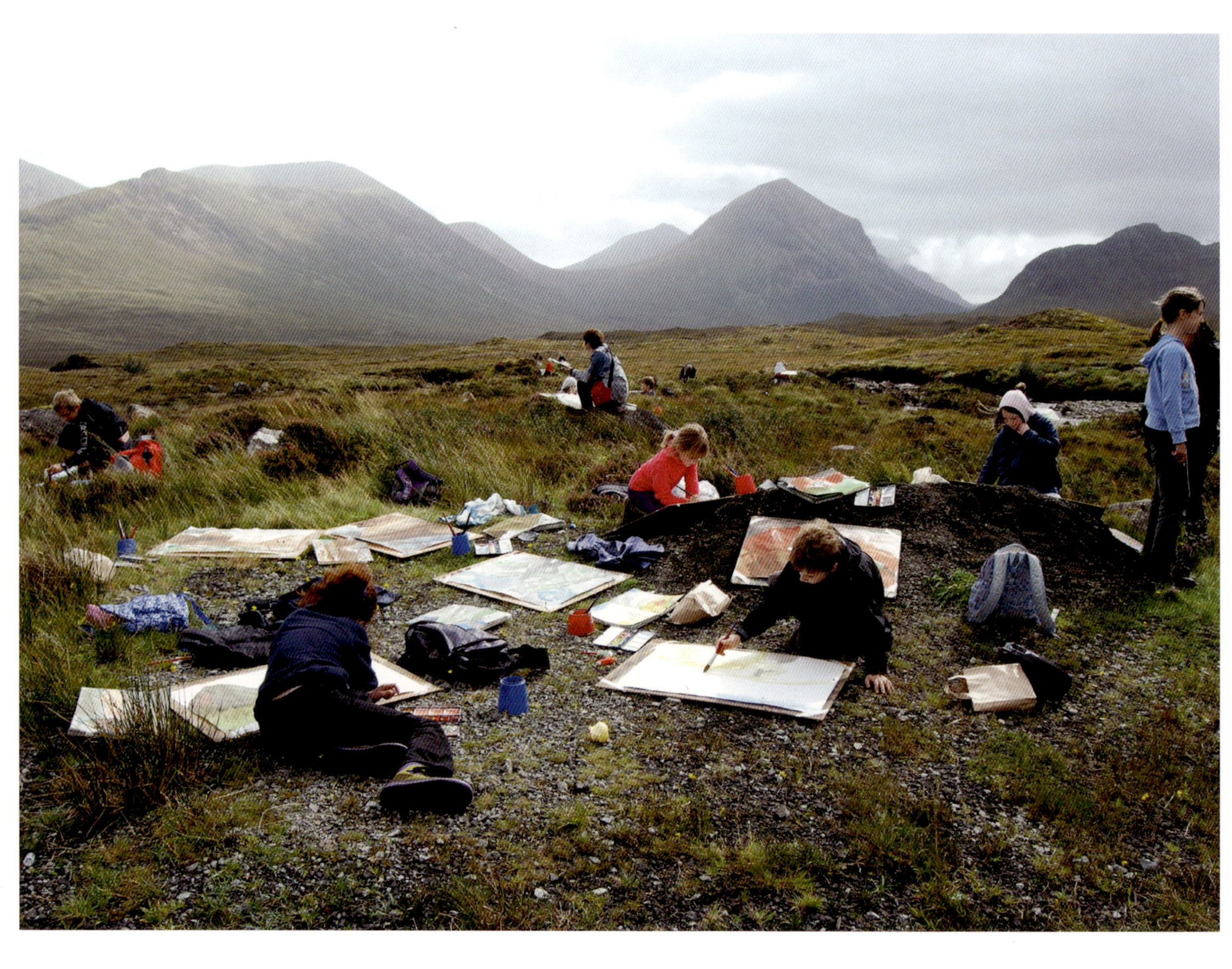

above / gu h-àrd: Sligachan / Sligeachan, 10.9.09
opposite / fa chomhair **Cara MacKenzie McLuskey**, Garbh Bheinn, 9.9.09

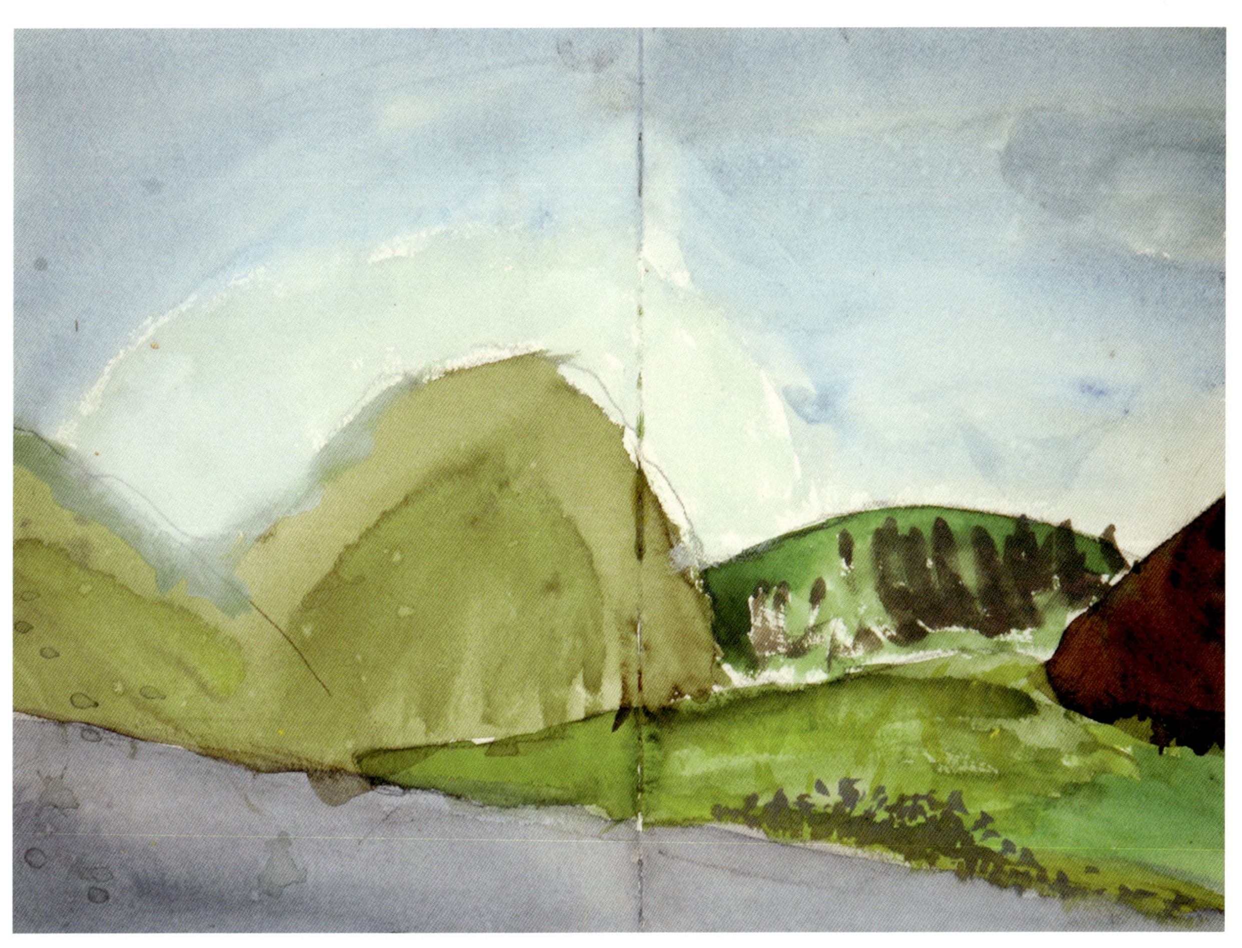

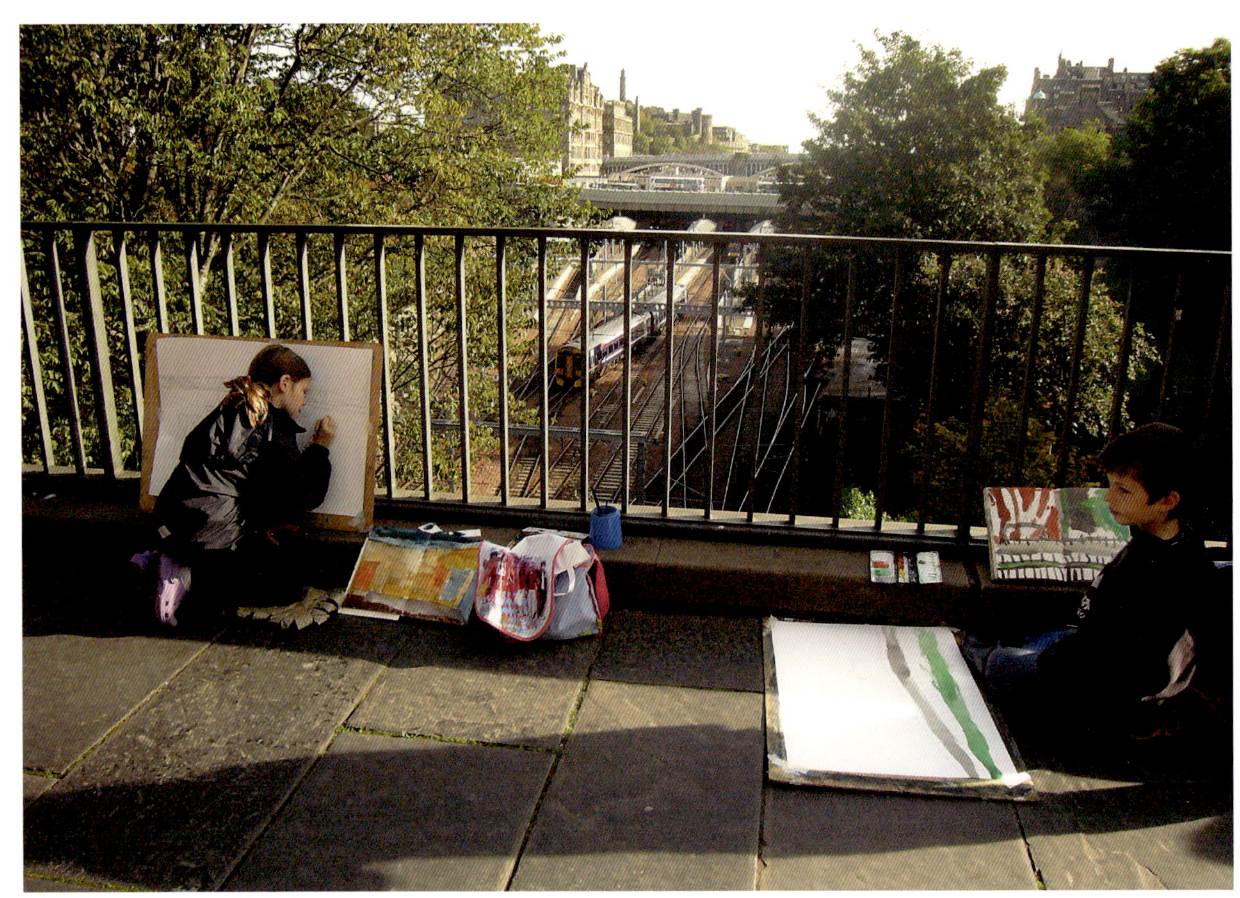

Beachd eadar-dhealaichte

Johnny Gailey

Manaidsear Prògram Chloinne is Dhaoine Òga, The Fruitmarket Gallery

Princes Street Gardens and Waverley Train Station / Gàraidhean Sràid a' Phrionnsa agus Stèisean Rèile Waverley, 1.10.09

Tha mi a' faireachdainn gu robh mi an seo roimhe, ach tha fhios agam nach robh.
Sgoilear Chrois na Cìse anns na Torran, An Eilean Sgìtheanach

Bidh taisbeanadh sam bith de dh'obair seasgad luchd-ealain a' toirt beartas de stuth gu aire luchd-amhairc agus tha an leabhar seo agus an taisbeanadh a tha na chois a' nochdadh gu bheil seo fìor a thaobh *Air Iomlaid*. Tha am pròiseact mòr-inntinneach seo air sgilean ealanach buidheann de sgoilearan Gàidhlig bun-sgoile à dà sgoil, a leasachadh thairis air aon bliadhna. Air a shuidheachadh an àiteigin eadar pròiseact foghlaim is pròiseact ealain, tha e mar thoradh air coinneamh a chaidh air adhart eadar mi-fhìn, neach-ealain Julie Brook agus Stiùiriche The Fruitmarket Gallery Fiona Bradley tràth san Fhoghar 2007.

Thar an dà dheichead a dh'fhalbh, tha Julie air grunn phròiseactan mòra foghlaim a leasachadh agus an toirt gu buil air feadh na h-Alba. San Fhoghar sin, bha i an Dùn Èideann, a' taisbeanadh obair bho aon den na pròiseactan sin, An Dealbh Mòr aig Pàrlamaid na h-Alba. B'e pròiseact co-obrachaidh ealain a bha anns An Dealbh Mòr eadar luchd-ealain fo stiùir Julie agus Kath Nicleòid agus clann bho Lasair Ealain, comataidh de sgoilearan bun-sgoile bho Bhun-sgoil Shlèite air taobh a-deas an Eilein Sgìtheanaich (tha an t-ainm aca eadar-theangaichte chun Bheurla mar 'a blaze of art'). Aig fosgladh an tachartais, bhuail e orm cho math sa bha obair-peantaidh nan sgoilearan a bha air a thaisbeanadh, ach dh'fhairich mi nach robh an obair air panailean air a thaisbeanadh cho math 's a bu chòir agus nach robh suidheachadh solais na h-àrainneachd neo-ghailearaidh far an robh sinn cho math. A' bruidhinn ri BPA a bha na bhall de Bhuidheann Comhairleachaidh Ealain Pàrlamaid na h-Alba, thug mi iomradh air an seo agus mhol mi gum biodh cuid dhiubh air an taisbeanadh na b'fheàrr a-measg tional maireannach na Pàrlamaid. 'Gu mì-fhortanach', thuirt e rium, 'cha bhi sinn a' gabhail ri tiodhlacan'. Cha robh mi a' bruidhinn mu dheidhinn tiodhlac …

Mhiannaich mi an uairsin a bhith ag obair còmhla ri Julie; leis cho foirfe agus cho brosnachail sa bha an dòigh teagaisg aice mar a chithear san obair; bho mhodail pròiseact fo stiùir chlann, san t-suidheachadh seo, clann Lasair Ealain; agus bho fhìor iarratas spèis cheart a thoirt do leithid seo de shàr-obair.

Tha prògram foghlaim stèidhichte aig The Fruitmarket Gallery agus is ann troimhe a thèid tachartasan ealain a sholarachadh do bhun-sgoiltean is àrd-sgoiltean air feadh Lodainn. Tron phrògram gheibh sgoilearan cothrom ionnsachadh tro phròiseasan gnìomhach, ionnsachaidh, eòlach, a' cleachdadh prògram a' Ghailearaidh mar bhòrd-leum dhaibhsan aig a bheil làn-ùidh ann an obair làimhseachail dealbhaidh a chuireas ri lìbhrigidh Clàr-oideachaidh na sgoile.

Ge-tà, bha an ùidh a bhith ag obair le Julie agus Lasair Ealain còmhdhalach le Ionmhas Brosnachail Comhairle Ealain na h-Alba ga chur air chois, agus ghabh sinn an cothrom pròiseact a leasachadh a bha gu mòr na bu doimhne, ach a dh'obraicheadh a bharrachd air, an ceangal àbhaisteach a bh'againn le sgoiltean. Le bhith a' bruidhinn mu dheidhinn, bha e soilleir gu sgiobalta, seach gu robh Julie agus Lasair Ealain stèidhichte taobh a-staigh Bun-sgoil Shlèite san Eilean Sgìtheanach agus gu robh The Fruitmarket Gallery ann an Dùn Èideann, gu robh structur an sin a bhiodh comasach airson pròiseact mòr-inntinneach a bhiodh a' toirt a-steach iomlaid eadar sgoilearan Bun-sgoil Shlèite agus Bun-sgoil Chrois na Cìse, an sgoil tro mheadhan na Gàidhlig ann an Dùn Èideann.

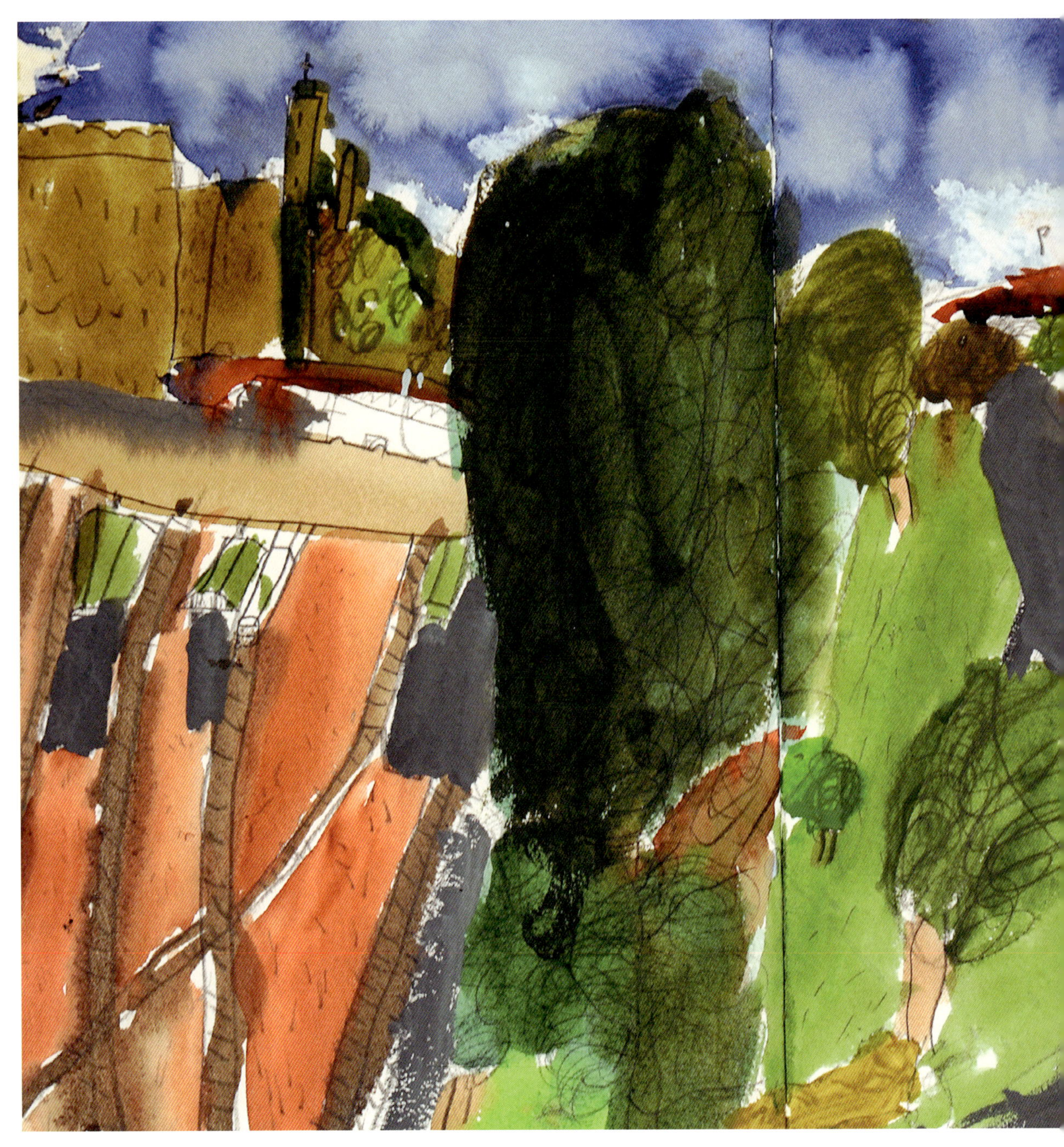

Jacob Hutchison, Princes Street Gardens and Waverley Train Station / Gàraidhean Sràid a' Phrionnsa agus Stèisean Rèile Waverley, 1.10.09

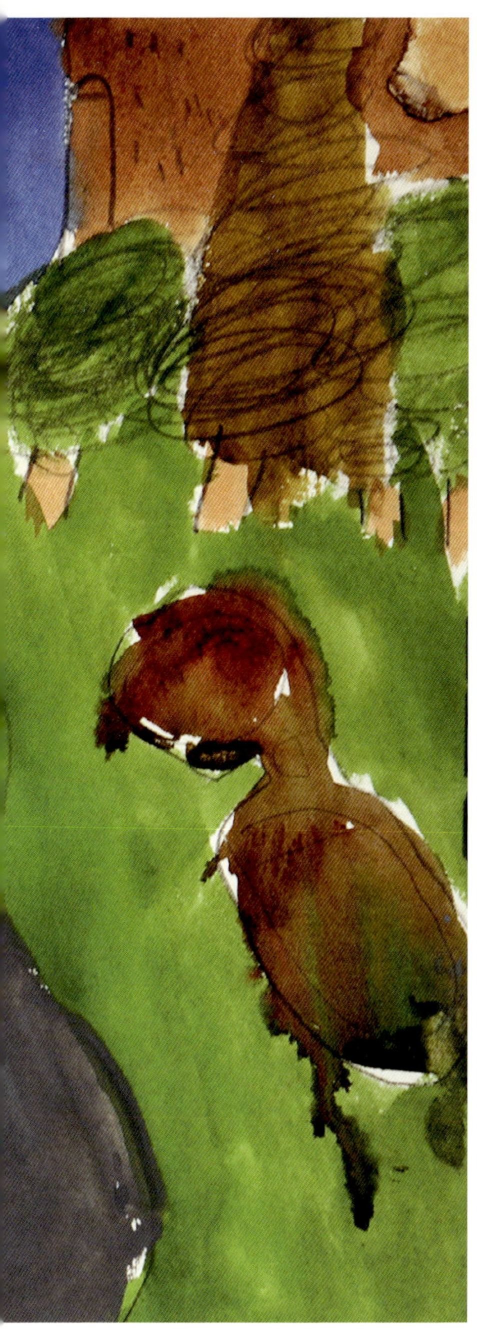

B'e *Air Iomlaid* toradh a' chòmhraidh seo. Chaidh faighneachd do bhuidheann-cridhe de thimcheall air seasgad sgoilear bhon dà sgoil (bho C6 agus C7 ann an Dùn Èideann agus bho C4 gu C7 san Eilean Sgìtheanach) sgrùdadh a dhèanamh air na h-àrainneachdan corporra, cànain agus dha-rìreabh, agus aig an aon àm a' beachdachadh air cuid de na cumhachdan a tha a' toirt cumadh dhaibh. Mar sin, mar eisimpleir, thadhal clann bho Chrois na Cìse air frith-rathad a' chanàl faisg air an sgoil aca thairis air grunn sheachdainnean, a' toirt sùil air a' chanàl a thug an leann (am fàilleadh a tha cho bitheanta ann an Dùn Èideann) bhon taigh-grùdaidh, an làrach a tha a-nis falamh seach gun chuirear stad air prìomh-thogalach cruinne ùra ri mholadh aig Banca na h-Alba mar thoradh air a' chlìomaid eaconamach gnàthaichte, a chur stad cuideachd air flataichean ura air an làrach-togail air taobh eile an rathaid.

San teirm sàmhraidh 2009, chaidh sgoilearan Dhùn Èideann is an Eilein Sgìtheanaich an toirt a-mach gach seachdain le sgioba dealasach de luchd-ealain proifeasanta fo stiùir Julie (ag obair le Sandra Cheanadach san Eilean Sgìtheanach agus Màiri Mhoireasdan agus Mòrag Dhòmhnallach ann an Dùn Èideann), gus dealbhadh agus peantadh a-muigh anns an àrainneachd aca fhèin. B'e prìomh adhbhar nam bùthan-obrach sin a bhith a' faighinn tuigse agus cleachdadh bho na stuthan a bhathas a' cleachdadh (gual-fhiodha agus peant), ach cuideachd gus fiosrachadh a thional agus eòlas a thogail a thaobh na tha mun cuairt orra.

Thadhal a' chlann air grunn làraichean – an canàl, cidhe na h-aiseige, làrach togail, cladh, garaids, cala, an taigh-grùdaidh, an caisteal; agus chaidh aire a thoirt don adhartas a rinn iad thairis air an dà sheachdain deug sin. Mus tàinig an teirm gu crìch bha iad a' taghadh sealladh a bha nas glice, a bha na fhianais gu robh iad ag ionnsachadh mar a choimheadadh iad. Bha iad a' nochdadh co-chruinne nas seasmhaich, a' peantadh an aon dhealbh aig amannan airson uair a-thìde gu leth, agus iad cinnteach às na bha iad a' dèanamh. Bha barrachd misneachd aca ann a bhith a' cleachdadh stuthan mar a thuig iad na bha gu sònraichte taobh a-staigh gach meadhan. Agus dh'atharraich an obairaca bho bhith a' coimhead mar dhealbh dathte gu bhith a' nochdadh inbhe lèirsinneach dhealbhan peantaidh.

Anns an Fhoghar 2009, chaidh a' chlann *Air Iomlaid*, a' tadhal air agus a' toirt aoigheachd an sgoil com-pàirt aca fad seachdain gus a bhith a' coimhead, a' dèanamh dealbhan agus a' peantadh na h-àrainneachd ùr aca, agus aig an aon àm, a' blogadh mu na bha iad a' dèanamh. An uairsin, rinn iad barrachd sgrùdaidh agus roinneadh air an t-eòlas a bha aca, tro lèirmheasan buidhne den obair ealain aca agus na bùthan-obrach bàrdachd.

Tha an dà sheachdain den iomlaid agus na dh'ionnsaich a' chlann bhon àm sin, a' stèidheachadh cridhe a' phròiseact, am bùthal air a bheil a' phròiseact a' tionndadh. Mar a dhearbhas iomadach inbheach, tha tursan sgoile mar thachartasan cudromach ann an cuimhne dhaoine, agus fad na seachdainnean sin fhuair a' chlann eòlas air raon farsaing de thachartasan; barbeque, cèilidh agus cuirm san Eilean Sgìtheanach; agus turas chun taigh-dealbh, turas coise san t-Seann Bhaile, bobhlaireachd, tursan gailearaidh agus suipear slisneagan buntàta (le salann is sabhs!) ann an Dùn Èideann. Roghnaich cuid de chlann a bhith a' fuireach còmhla ri teaghlaichean aoigheachd, agus tha sinn an dòchas gun lean an cuimhne agus an ceangal a rinn iad airson bliadhnaichean ri thighinn.

Thug an t-seachdain ann an àrainneachd eadar-dhealaichte dùbhlannan agus cothroman ùra don chloinn fhad's a bha iad ag obair còmhla agus a chunnaic iad le sùilean fosgailte – leac-peantaidh eadar-dhealaichte, àrainneachd togalaichte trang neo nach eil cho trang, agus dòighean-obrach atharraichte – agus thionndadh an ealan aca a-rèir sin, a' gluasad air adhart bhon obair a rinn iad roimhe. Chunnaic sinn a' chlann bhon dà bhuidheann a' togail orra fhad's a bha iad ag obair taobh ri taobh, dearbhte gun gabhadh iad an làn-chothrom a fhuair iad bhon iomlaid. Tha na dealbhan-peantaidh a rinn a' chlann thar an dà sheachdain sin dìreach sgoinneil.

An-dèidh na h-iomlaid, chaidh iarraidh air sgoilearan bhon dà sgoil a bhith ag obair fa-leth mar bhuidheann gus cruthachaidhean mòra àrd-ìre a dhèanamh ann an gual-fhiodha – aon den àrainneachd dachaigheil aca agus aon den àrainneachd air

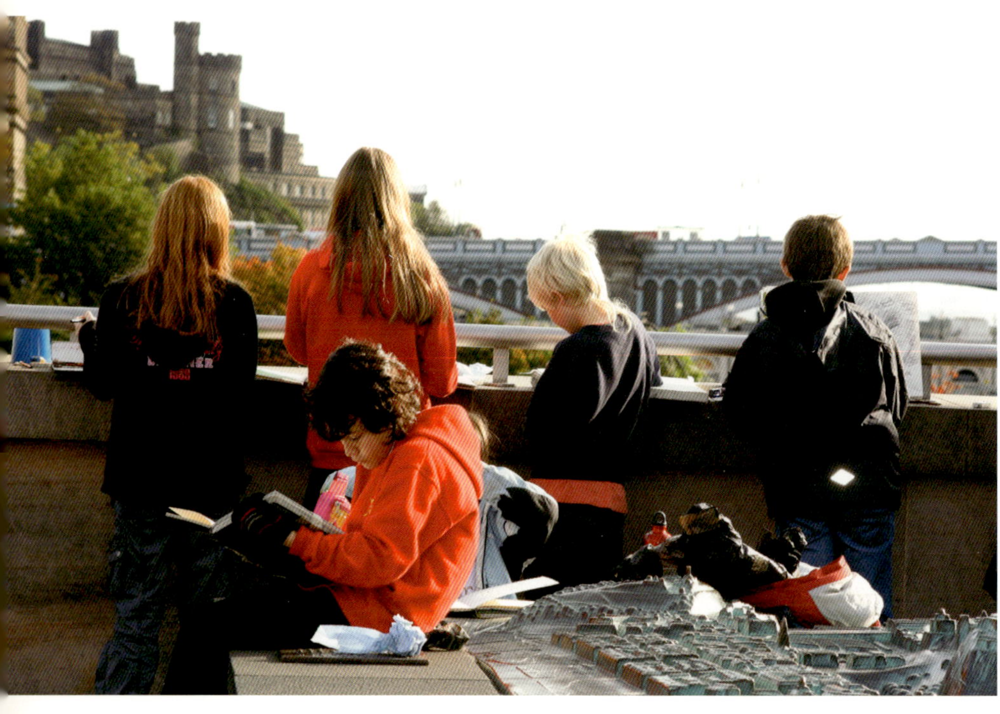

Princes Street Gardens / Gàraidhean Sràid a' Phrionnsa, 1.10.09

na thadhal iad. A' toirt fiosrachadh gu dìreach bho na dealbhan aca fhèin, ghluais a' chlann fa chomhair an dùbhlain ùr a bhith ag obair còmhla aig ìre a dh'fhaodadh eagal a chur orra. Bha aca ri dleastanasan a dheasbad agus thàinig obair-buidhne agus conaltradh gu mòr chun aire.

Tha na ceithir dealbhan sin den obair a rinn iad aig *Air Iomlaid*, mar a thàinig iad còmhla san taisbeanadh aig The Fruitmarket Gallery, a leigeil leis an neach-amhairc raon de dh'eadar-chluichean foirmeil fhaicinn. Tha seallaidhean na cloinne air an t-Eilean Sgìtheanach agus air Dùn Èideann, làn fiosrachaidh lèirsinneach, a chaidh a thional thar còrr is dusan turas don àrainneachd ionadail aca. Tha na dealbhan beò le mion-fhiosrachaidh a chunnaic iad agus tha iad a' taisbeanadh sgrùdadh domhainn, cha mhòr le cumadh-tìre, de na tha mun cuairt orra aig an taigh.

Air an taobh eile, nochd na dealbhan a rinnear *Air Iomlaid* duilgheadas riochdachaidh eadar-dhealaichte bhon tàinig co-dhùnadh ealanach eadar-dhealaichte. Anns gach àite, thadhal a' chlann air trì làraichean. Bha na clàraidhean lèirsinneach aca nas ainneimh na bha aig an taigh, agus air an cuingealachadh air àiteachan gun cheangal eatorra. Anns a' chiad seachdain de gach iomlaid, thachair gu robh a' chiad latha a-muigh a' peantadh agus a' dèanamh dealbh mu shealladh-tìre, ann an fhìor dhroch thìde, agus bha buaidh aig an sin air dealbhan na cloinne – gèile ann an Tarscabhaig san Eilean Sgìtheanach, agus dòrtadh uisge air Cnoc Challtainn an Dùn Èideann. Tha na cruthachaidhean mòra a rinn iad air falbh bhon dachaigh gu sònraichte agus le sealladh inntinn den àrainneachd aca; làraichean coise fliuch air frith-rathad ann an Sligeachan agus an uisge a thàinig bhon iar gus ar ruagadh uile air ais air a' bhus aig Loch Scabhaig a' nochdadh ann an dealbh an Eilein Sgìtheanaich, agus tha iomhaigh de chlann a' gabhail fasgadh bho sgàileagan airson dealbhan a dhèanamh a' nochdadh ann am pàirt san t-sealladh air Cnoc Challtainn. Thàinig na cruthachaidhean nan obair-riochdachaidh chan ann air àite ach air turas gu àite; sealladh eòlas-beatha. Tha an gluasad seo na iuchair gu bhith a' fosgladh tuigse na cloinne (agus an neach-amhairc) air an àrainneachd; far a bheil iad gan cur fhèin ann an co-cheangal ris an àrainneachd sin, agus an dleastanas aca mar riochdairean airson àrainneachd a dhealbhadh tro lèirsinn.

Chaidh tuilleadh sgrùdaidh a dhèanamh air nàdur beachdail freagairtean na cloinne tro ìre dheireannach den phròiseict as t-Earrach 2010. Dh' obraich iad le chèile air na dealbhan peantaidh mòra, a' sgrùdadh obair cruthachaidh tro dhathan. Dh'obraich iad cuideachd ann an sgiobaidhean beaga ann am bùthan-obrach beothachaidh, a' freagairt na cùise a thaobh a bhith a' nochdadh àm is gluasad san obair aca, agus a' cruthachadh bàrdachd fo stiùir Mhàrtainn Mhic an t-Saoir agus Iain Fionnlagh Mhicleòid. Leig a' ghluasad a-steach gu beothalachd is bàrdachd leis a' chlann sgrùdadh a dhèanamh air mar a bhiodh iad a' conaltradh nam beachdan aca air an iomlaid.

Leig an iomlaid cuideachd leis a' chlann tadhal air The Fruitmarket Gallery airson a' chiad uair a-riamh, agus chunnaic sinn mar a ghabh iad a-steach gum biodh an obair aca air a thaisbeanadh ann am prìomh ghailearaidh maoinichte gu poblach. Ann a bhith a' sealltainn don chloinn obair neach-ealain Ameireaganach Eva Hesse, a rugadh sa Ghearmailt agus a bha ainmeil gu h-eachdraidheil, agus an obair aice ga thaisbeanadh aig an àm a thadhal iad, thug Julie iomradh air stoidhle sònraichte Hesse agus thuirt i ris a' chlann nan dèidheadh aon de leabhraichrean-dealbhaidh na cloinne a shealltainn dhan luchd-ealain a bha ag obair air a' phròiseact, gun aithnicheadh iad cò leis a bha e. Tha mi a' creidsinn seo – chan ann a-mhàin seach gun chaith an leach-ealain ùine mhòr leis a' chlann gan stiùireadh leis an obair-ealain aca, ach nas cudromaiche an àite a bhith gan teagaisg air mar a dhèanamh iad dealbh, leig iad leis a' chlann an stoidhle fa-leth aca fhèin a leasachadh.

Tha an dòigh anns na sheall gach leanabh air an dealbh-tìre air stòras beartach de dh'obair-ealain a thoirt don taisbeanadh agus don fhoillseachadh. Chan e dìreach seallaidhean corporra de dh' àrainneachd a tha annta, ach na fhoillseachadh air na suidheachaidhean anns an deach an dèanamh; an làrach, an clìomaid agus air dìcheall agus ceangal na cloinne fhèin. Tha Julie a' sgrìobhadh ann am blog an luchd-ealain gu robh 'na làithean ann an Sligeachan agus air plaza Gailearaidhean Nàiseanta na h-Alba cho math sa b'urrainn iad a bhith agus cho math sa bha nam bheatha fhìn ag obair air dealbh-tìre – co-obrachadh draoidheil nuair a thig a h-uile càil còmhla.'

Tha e buairichte, ach is dòcha ro fhasa agus ro uachdarach, cuideam a chur air na tha eadar-dhealaichte mu riochdachadh Dhùn Èideann agus an t-Eilein Sgìtheanaich. Is dòcha gur e as cudromaiche fòcas a chur air na chaidh a roinneadh eadar nan sgoilearan air fad agus eadar an luchd-ealain a bha ag obair còmhla riutha air a' phròiseact; oidhirp dhìcheallaich gu bhith a' dealbhadh, a' peantadh agus dìreach a' coimhead, agus tasgadh ùine, cumhachd is tàlant air-leth.

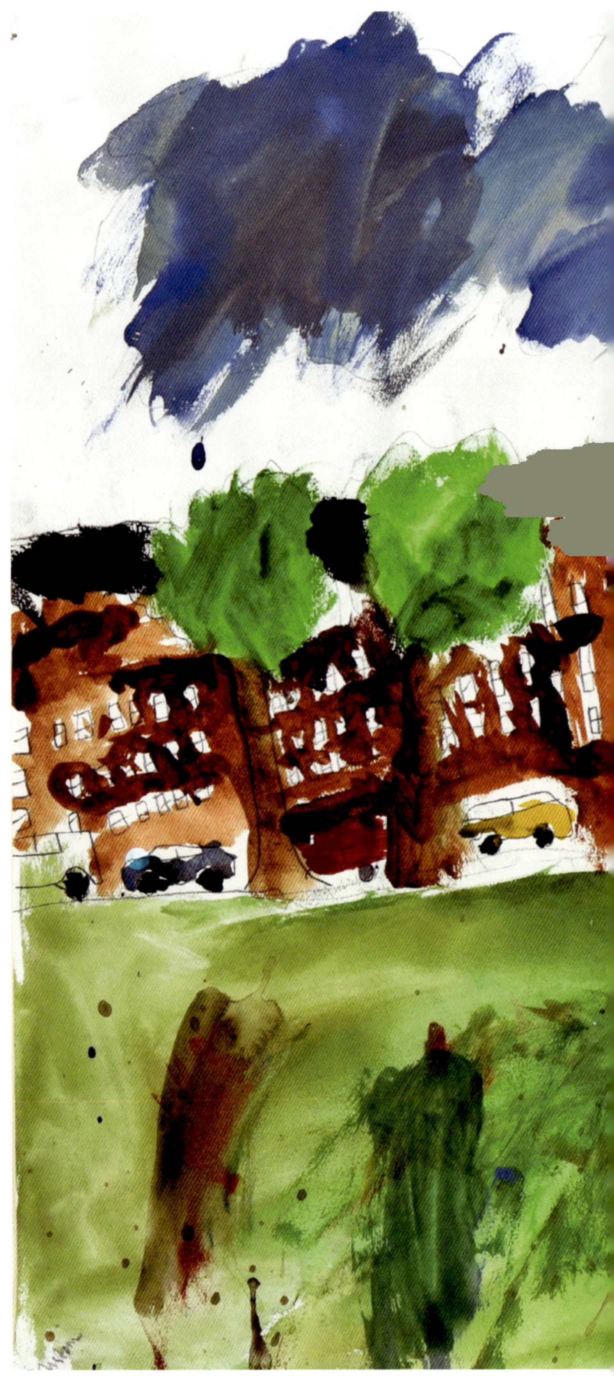

above / gu h-àrd: Alastair Peel, Bruntsfield Links / Machair Ghoilf Bruntsfield, 27.5.09
following / a' leantainn: Sinead Gorman, Scott Monument / Carragh-cuimhne Scott, 30.9.09

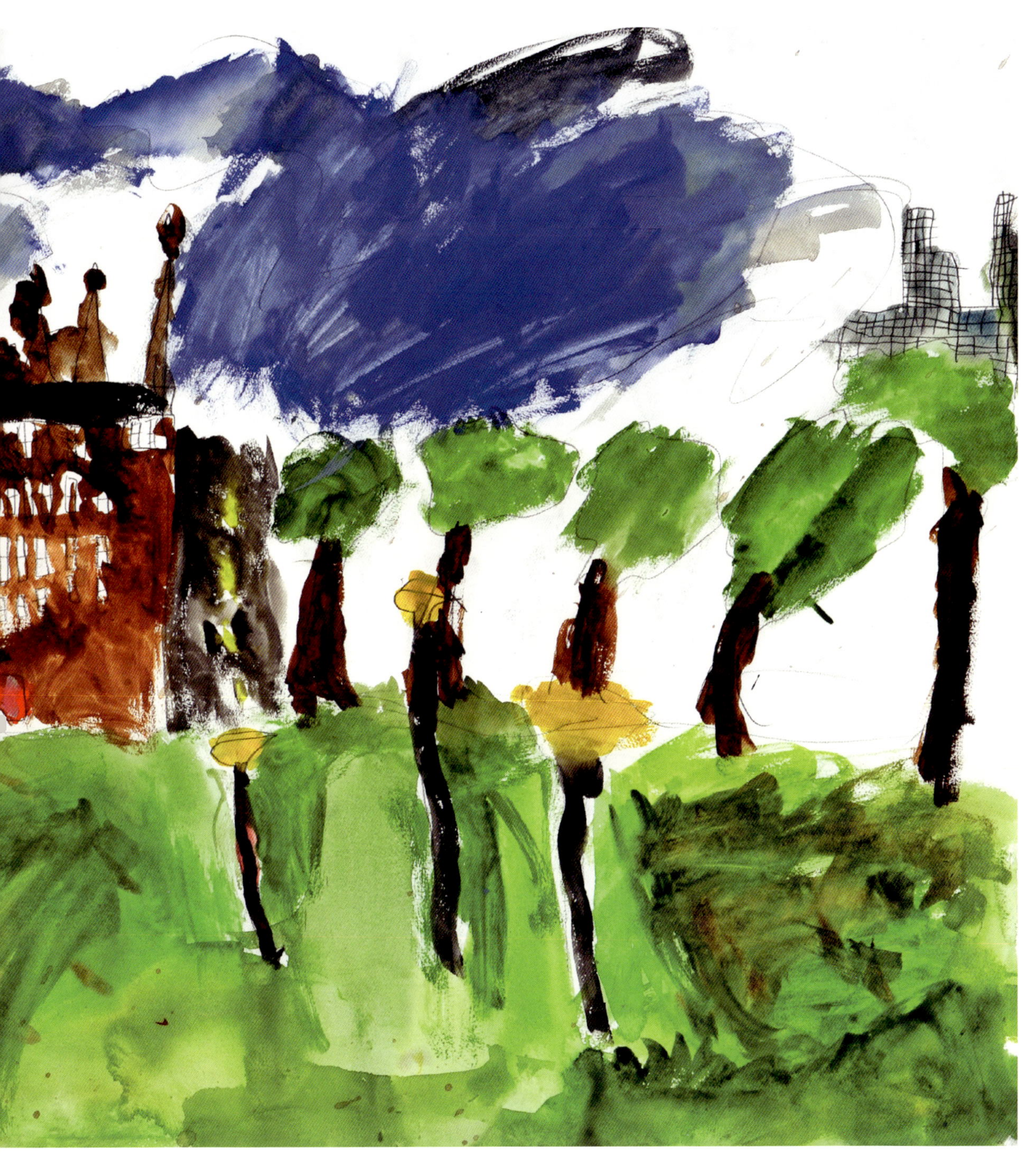

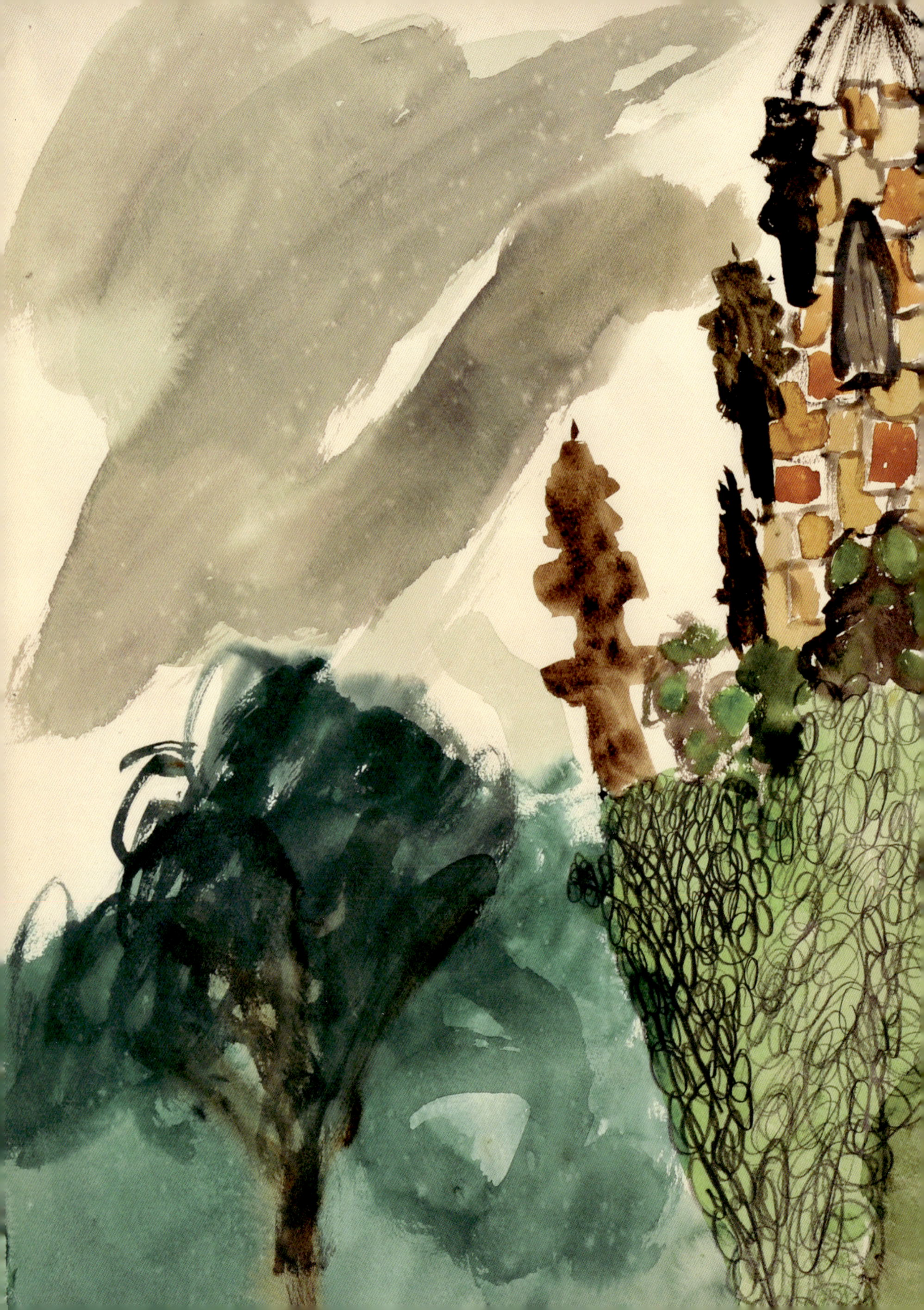

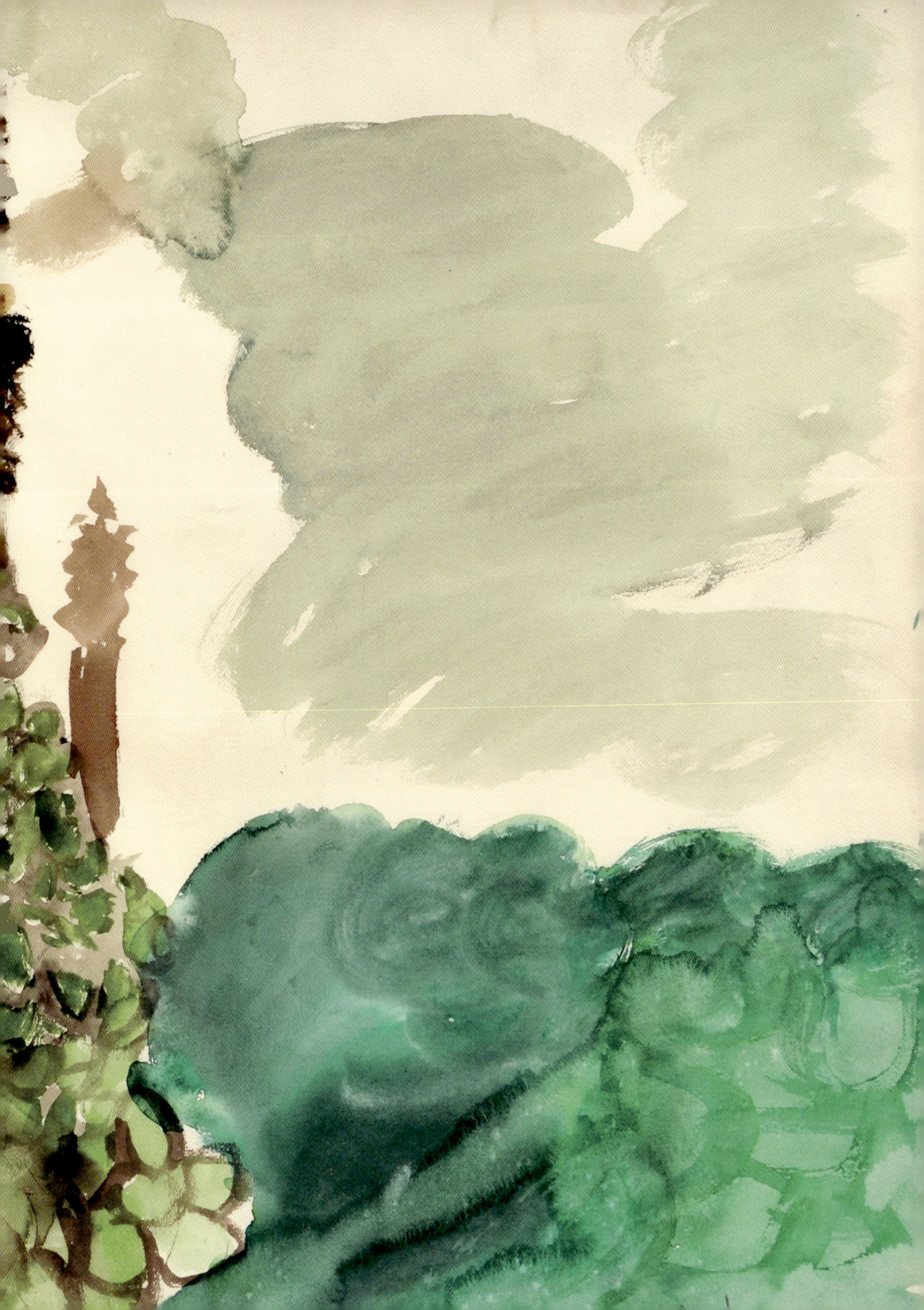

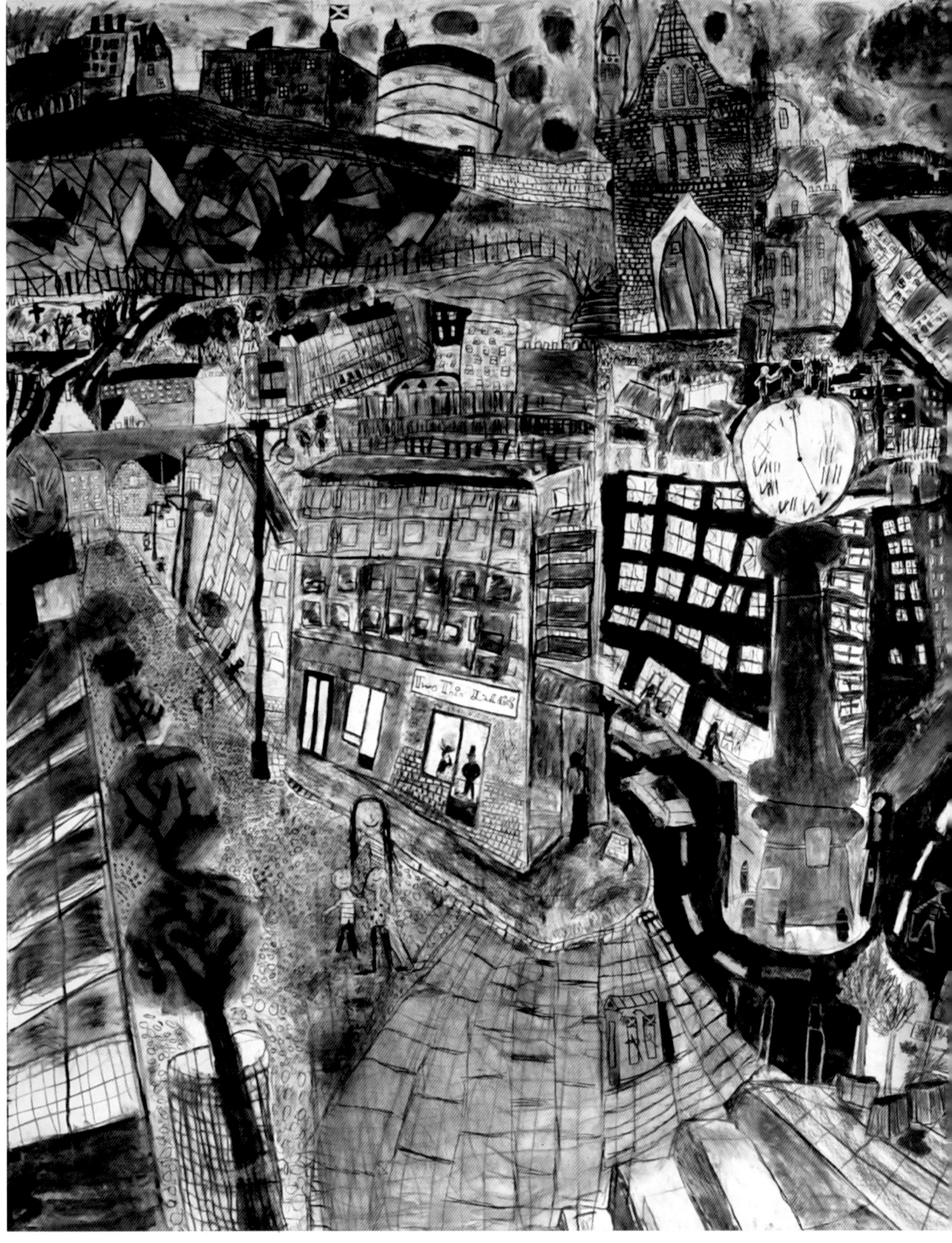
Two Thin

Fold-out / Pàisg a-mach: Collective drawing of Tollcross by pupils from Tollcross Primary School / Dealbh buidhne gual-fhiodha de Chrois na Cìse le sgoilearan bho Bun-sgoil Chrois na Cìse, 2009

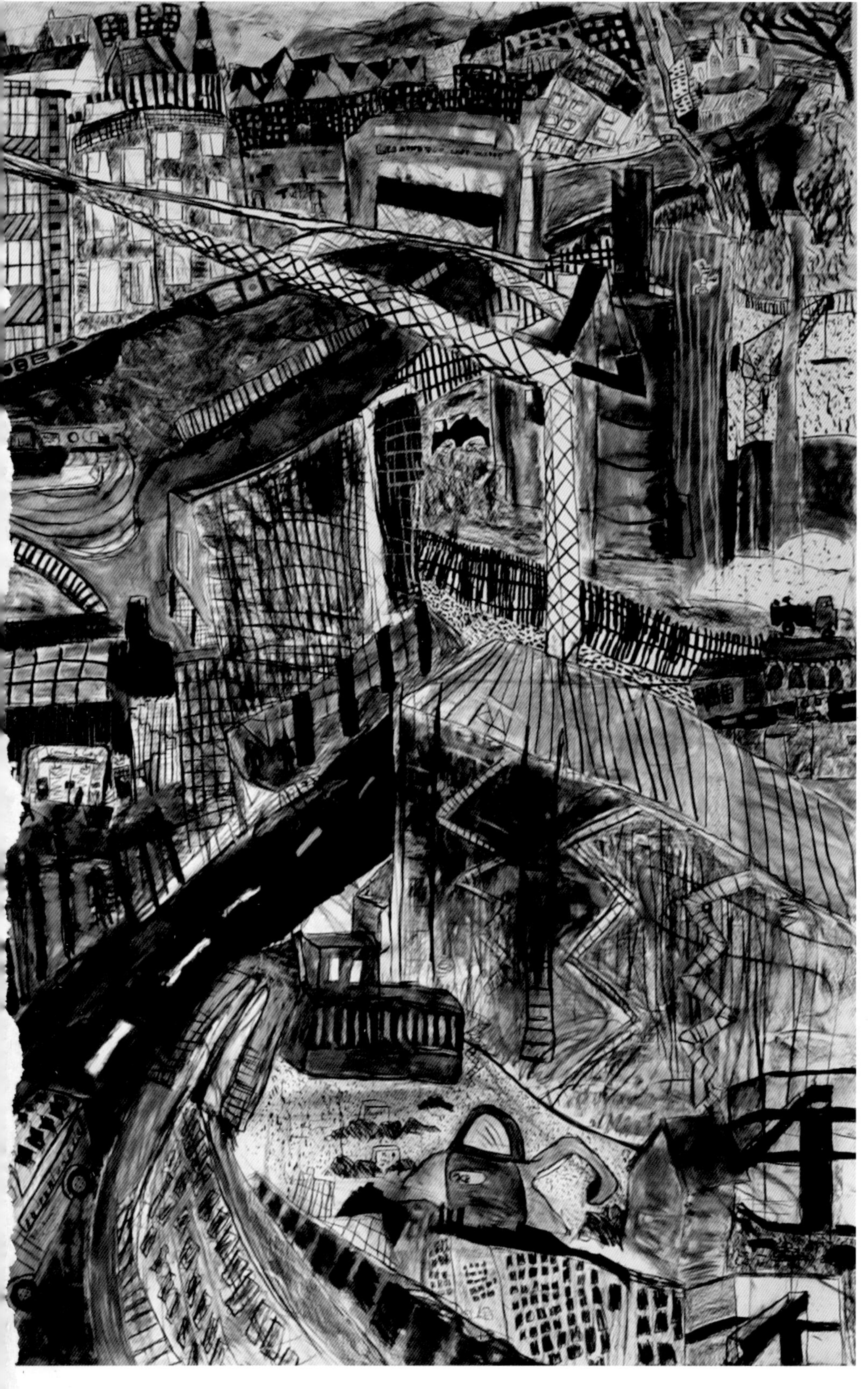

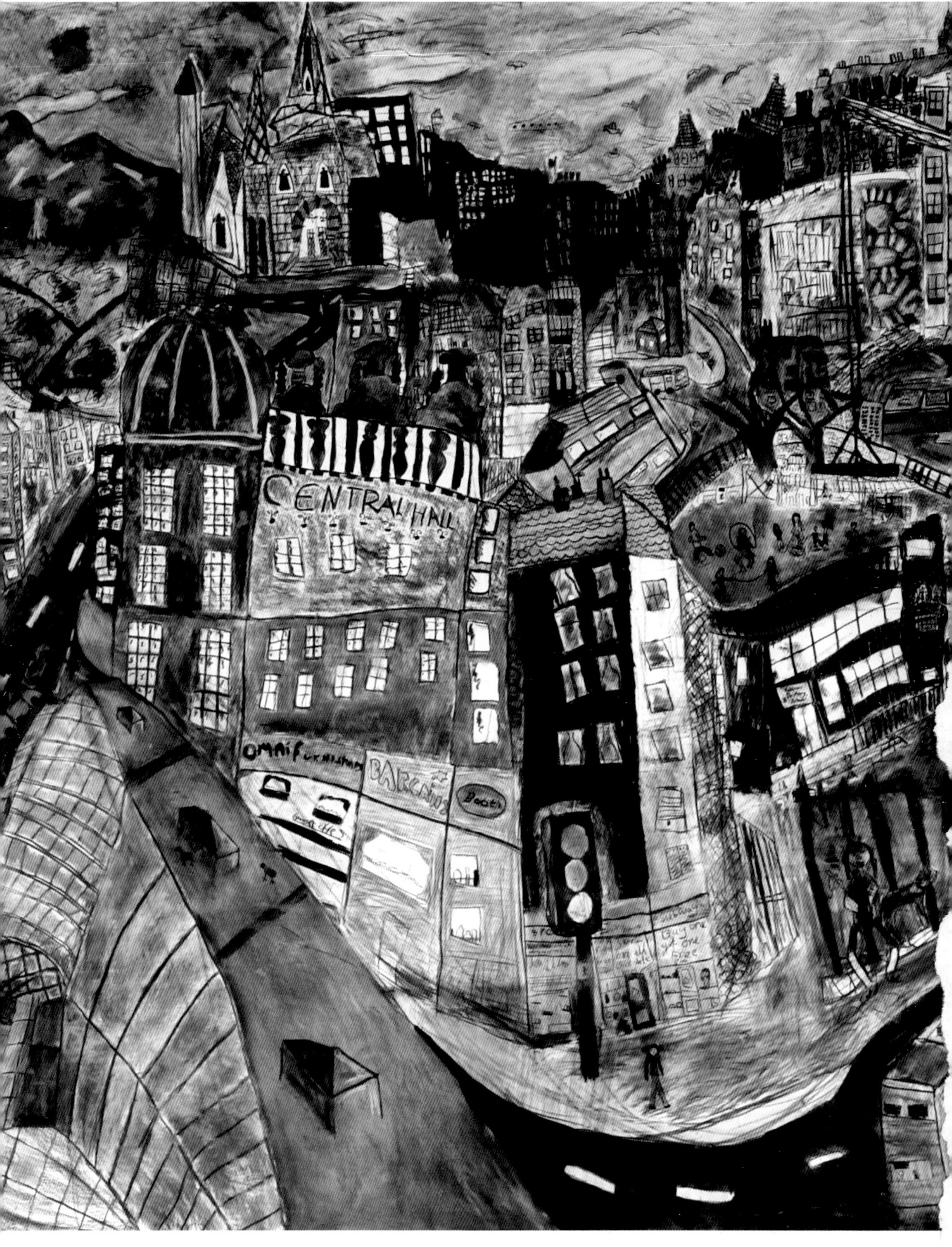
CENTRAL HALL
BARGAINS
Boots
Buy one get one free

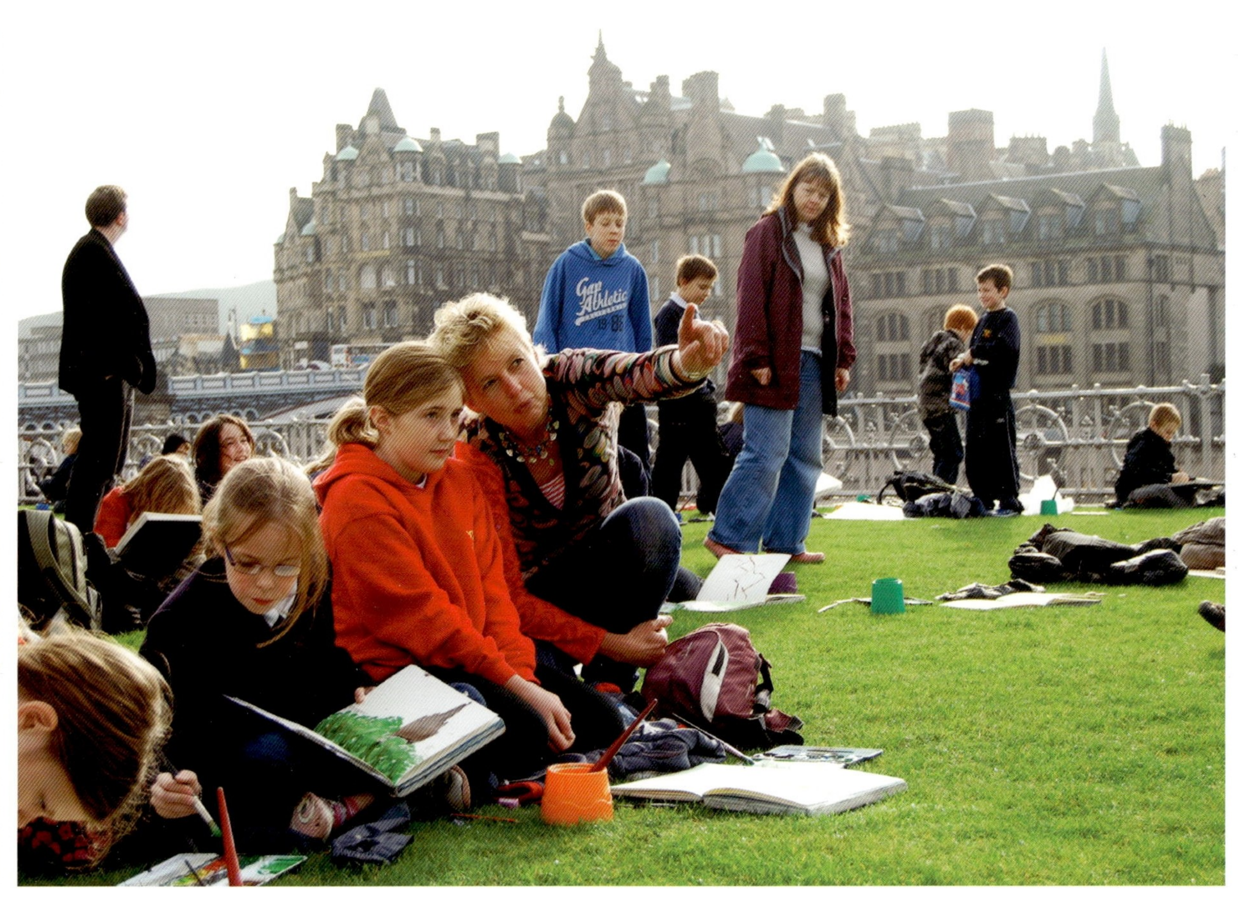

In conversation
Julie Brook & Johnny Gailey

A conversation about *Air Iomlaid* between Johnny Gailey, Children and Young People's Programme Manager, The Fruitmarket Gallery and Julie Brook, Lead Artist

Julie Brook tutoring at Princes Street Gardens / Julie Brook a' teagasg aig Gàraidhean Sràid a' Phrionnsa, 30.9.09

JG: *You have been leading large-scale education projects alongside your own practice as an artist for over two decades now. Can you tell me why these projects are important to you?*

JB: I feel that drawing and the teaching of drawing is important. It gives children – and adults – skills that currently aren't developed properly in school. By teaching children to draw and involving them in ambitious projects, I offer them a chance to develop their work as an artist might – their way of working can develop over time, and they can see and realise something for themselves through their own work.

My work as an artist is about being in the environment, lending myself to that environment and letting it work its effect on me. I give the work time to develop so that it goes beneath the surface of my initial experience of the place. I have always worked in the landscape, and early in my artistic career I discovered that it often takes longer to find that depth. Although making my own work is very different from teaching, I think the spirit of it is the same – you take the time to let something evolve (in this case over two years) to develop something ambitious from straightforward beginnings.

I like giving children a sense of ambition and an opportunity to work with artists to realise something on a large scale, and to explore different artistic disciplines. It is all rooted in the idea of observing and drawing your own environment which is a simple and economical practice available to anyone. It's a great starting point – I teach my own children that looking and drawing can be part of the natural fabric of your life.

So is it something you recognise in your own life and work that you wish to pass on to others?

Yes. Firstly, that feeling that anything is possible. In my own work, I have occasionally experienced the feeling that I am transcending what I had planned or thought I could do. It's a great thing to open a door for someone, but what I love about teaching drawing is that you can't do it for that person, they have to experience this for themselves.

What I enjoy about the process is that the children know when they have had a good day, when something has shifted in them and they have learned something new. It's not like conventional learning where you absorb knowledge and then work out a way of using it. With drawing it's about really concentrating, along with a combination of the way you observe something, and the way you use your hands, your head, your heart (and, of course, in children this is very unselfconscious), everything comes together in an expression of what is going on inside you as well as what you are looking at.

The first project I did with children involved spending a year regularly working with them in the Necropolis in Glasgow, drawing gravestones. I was working blind as I had never done it before. It was in exchange for the use of a large classroom as a studio and as part of the celebration of Glasgow as the UNESCO city of culture. I had this idea that we would do a larger-scale composition at the end where the children could work collectively. I liked the idea of developing each individual, but also teaching them about collaborative work and showing them how they could learn from each other by discussing each other's drawings. Somehow, the combination of my planning and the children just going for it produced an extraordinary drawing which worked both conventionally and unconventionally in spatial terms. I was astonished by it.

And the memory of that revelation keeps me doing these projects. Children make work that could only be done by children – they are not doing a version of artwork that artists or adults would do. If you give children the opportunity, they have the unselfconsciousness and the willingness to take on ambitious projects that will surprise you and produce something you wouldn't expect. As an artist I create the structure, while being careful not to impose too much. You need to be open to how a project grows, to create the right sort of support that allows children to flourish. That's when you get those surprises.

In *Air Iomlaid*, you can see this from the begining of the teaching, in the observational drawings in the children's sketchbooks – their freedom of expression is all there on the page. Picasso famously said that he spent his entire life learning to draw like a child. However, artists who work over a period of time develop a form of language whether it be visual or musical, and children can be encouraged to develop that too. In school it's difficult to give them the room to flourish, yet projects like this one can draw them beyond themselves.

I realise that you keep doing these projects because there is always a new revelation to be found in the work of the children you teach. In Air Iomlaid, *I would suggest that the revelation was a result of the exchange between the two schools on Skye and in Edinburgh.*

Yes, I have never done that before. I see the process of learning to draw as similar to training in any other field, such as sport or music. In training for a sport there is a clear understanding that to excel regular practice over a long period is crucial – to get fit, improve your technique. In teaching drawing I believe that the same process is required – children need to become 'fit' in their drawing. We developed these skills in their home environment so they had the level of 'fitness' for them to be able to approach a new subject, a new place, and then we plunged them into a new experience – we asked them to take a leap of faith, really.

For some of them it was the first time they had been away from home, so it was a huge personal experience. I think that developing their drawing skills prior to the exchange helped them interpret the experience in their artwork, but it also built their confidence. So even though they were away from home and in some cases homesick, they were still able to concentrate on their artwork and make the most of the opportunity.

For instance, the Edinburgh children had been struggling a bit with using colour in their drawing, and with being more expressive and less literal in their renderings of the cityscape. For them, Skye seemed like an explosion of colour. Quite a few of them said they felt relieved that they suddenly understood what colour was about in this new environment – they understood what I meant by under-colour, a resonance of colour, a luminosity of colour because it was simply there in front of them.

They had already developed the skills to render these colours for themselves and they were thrilled with the difference – they weren't drawing windows and walls and buildings any more, but instead a rural landscape of mountains and seascapes. It's interesting that in the Edinburgh children's drawings of Skye there is very little detail, they are very expressive – they capture the form of the mountains, the sky, the light or the sea, but there are very few depictions of houses or boats or trees. This detail is much more evident in the drawings the Skye children made of their own environment.

And in terms of the Skye children coming to Edinburgh?

Well, the Skye children had been drawing in a rural landscape and were naturally freer in their drawing and painting. They needed more help with form and spatial concepts. It was incredible to see the landscape skills the Skye children had developed being brought to bear on classical and iconic buildings in Edinburgh like the Balmoral Hotel or North Bridge, even the ornate railings on the top of Princes Mall. There was something very moving about seeing how they brought that freeness to more structural things, and that they were ready to attempt difficult spatial concepts in their compositions.

The effort that the children put into the work was also significant. When I talked to them later, they said it was very important to have worked hard – they wanted it to be an important memory, which in itself is quite a sophisticated idea for young children.

I think that one of the children mentioned how the challenge of making a good drawing meant that you had to concentrate more, but that when you get it right there's more satisfaction, which leads to more motivation, because you want to do well.

I think the thing that struck me most on the exchanges was not only that the standard of work rose in the visiting group, but also that it rose in the receiving group. It's almost like they all seemed to

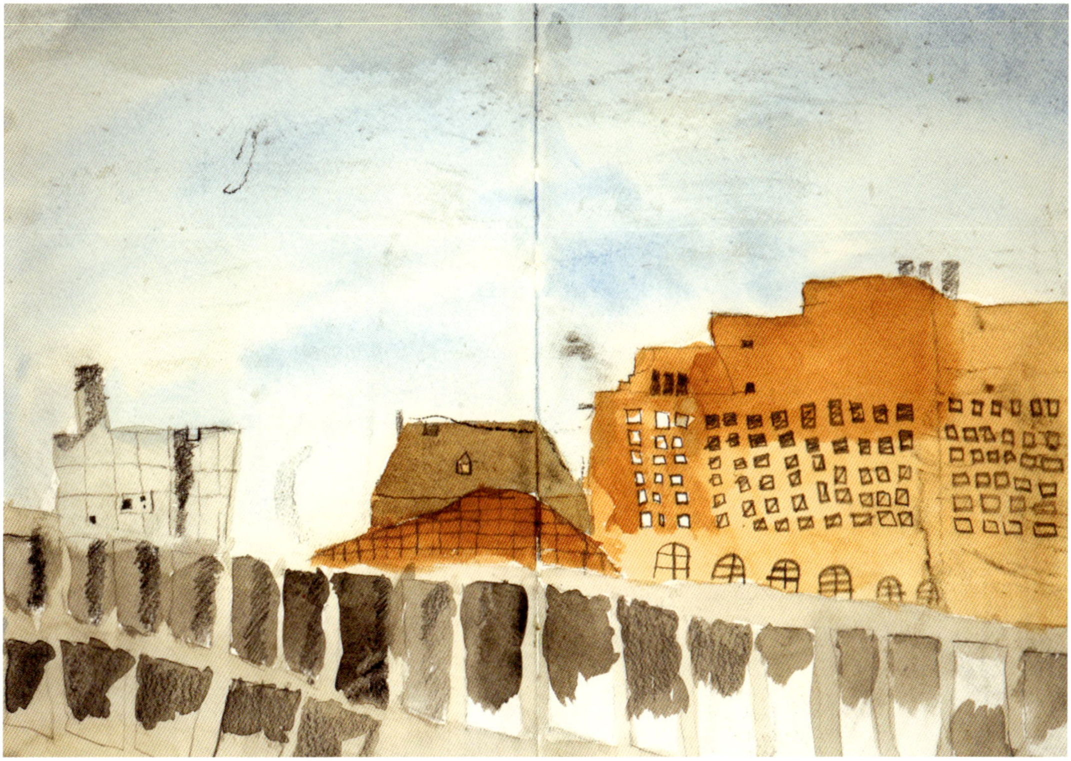

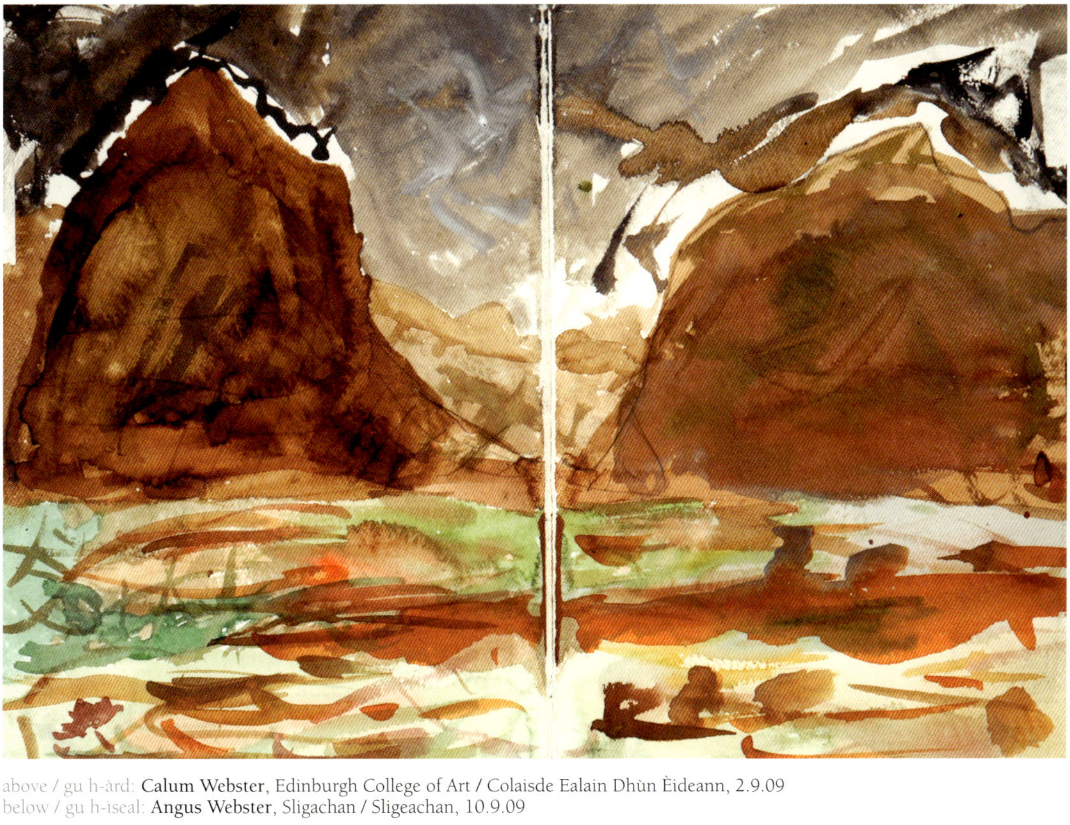

above / gu h-àrd: **Calum Webster**, Edinburgh College of Art / Colaisde Ealain Dhùn Èideann, 2.9.09
below / gu h-ìseal: **Angus Webster**, Sligachan / Sligeachan, 10.9.09

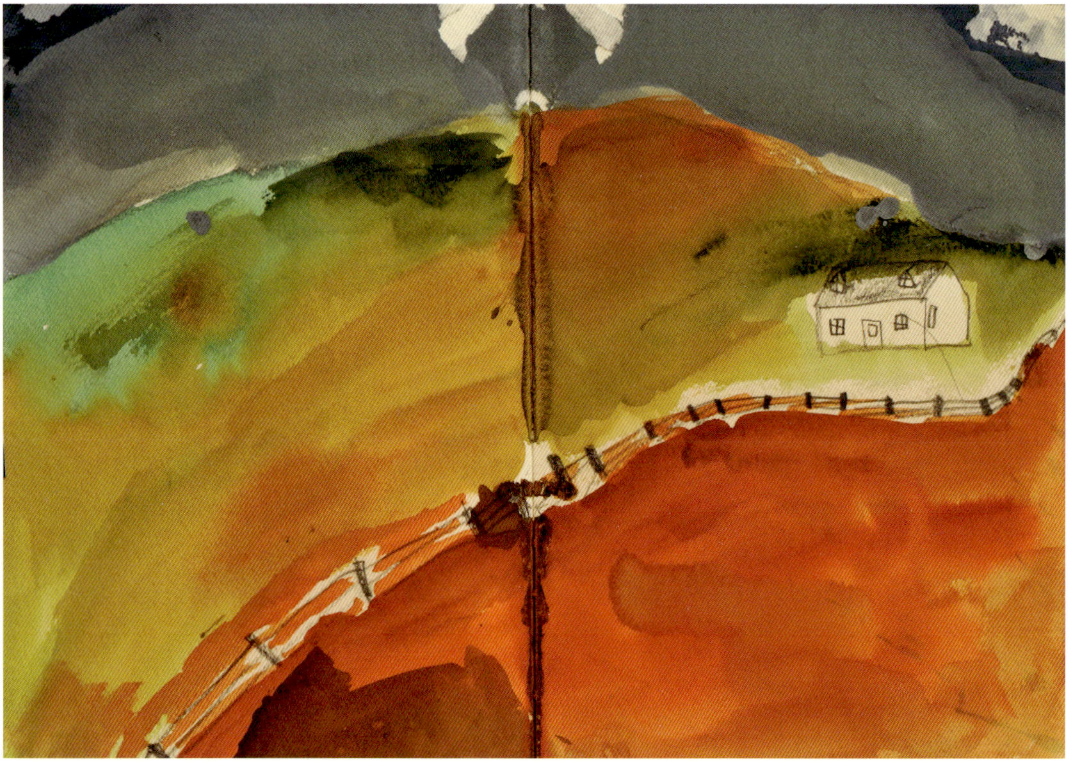

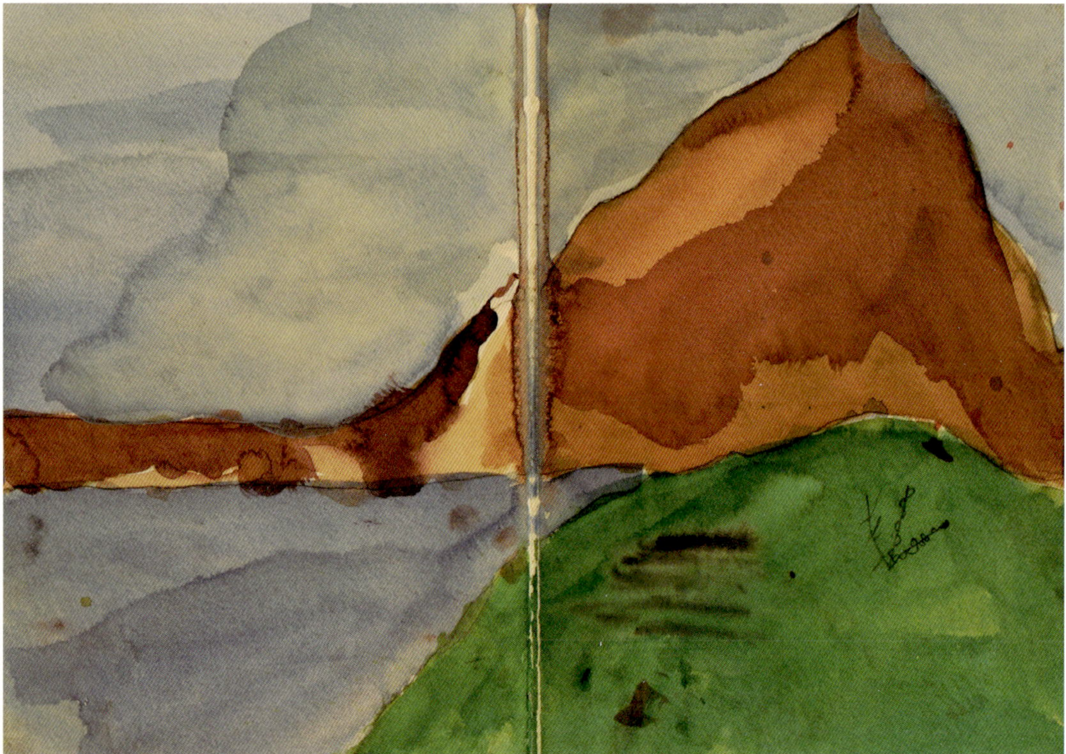

above / gu h-àrd: Ross MacKenzie, Tarskavaig / Tarsgabhaig, 3.6.09
below / gu h-ìseal: Lucy Hannah, Garbh Bheinn, 15.6.09

recognise that this was a finite time and made the very best of it. But, by then, each individual had experienced what it is to have a very good day, where they had concentrated, they had really gone for it and realised a piece of work that they were pleased with. I think that feeling is important for children, and they want to experience that again. What was extraordinary was that it seemed to work not only for individuals, but for the children as a group as well.

Let's talk about the sketchbooks, which you have described as the heart of the project. What might the viewer coming to this exhibition or looking at this book get from them?

It's a combination of things. The children draw in the sketchbooks every time we take them out into the landscape. After a while they just draw in the way that is appropriate to them, instead of worrying about how they ought to be drawing. In this process of teaching it is not about right or wrong – what I am interested in is who each child is. I just want them to draw like themselves. But you need to work to arrive at that place, it doesn't just happen.

Firstly, they learn to become more comfortable in themselves, to accept their own language of drawing, because that is where the imagination really lies. Secondly, they become more familiar with the materials – for example they become aware that you can do many different things with charcoal or watercolour. As their ideas grow, their means of expressing those ideas grows as well. They can extend themselves to take on a more complex view for instance, or can render things spatially without necessarily understanding what they're doing. It just happens for them because they have developed the skills and are not inhibited. I think when you are less confident you tend to be more literal in your thinking, and when you know yourself better, you become naturally more lateral, and your ability to express yourself develops.

In the sketchbooks you can see the children working with just a pencil and rubber initially, but later they needed to think about the complexity of using colour – harmony, dissonance, when colours are cool or warm. At the start they were more tentative because they were learning about their materials, as well as learning conceptually. These two things develop in parallel as they work and you can see it in their drawings, which is terribly exciting.

And you can track this process in the sketchbooks?

Yes. Of course sometimes the sketchbooks are uneven. Children have good days and bad days, but there are moments in the sketchbooks where I can remember how the child was that day. I could see it in their face, in their whole demeanour – they glow, and I still feel that when I am looking at the sketchbooks.

Sometimes they don't realise how good they are. I love that the books themselves are unpolished, but they have some of the most exquisite painting and drawing that I have ever seen. A sketchbook is a lovely place to work, it's not for show, it's your own processes being worked out. I know that at first the books look messy and scruffy and their magic might not instantly be apparent, but they are the source of everything in the project.

After working in their sketchbooks outside, the children would go back to their schools and scale-up their drawings to make paintings. Then after the exchanges, the children worked collectively to produce ambitious, large-scale drawings and paintings from their working drawings. It is interesting that a lot of the children were very observant in realising that it was hard to recapture what was in their sketchbooks when they scaled-up their drawings. When people look at the large collective drawings or the framed paintings in the exhibition, it is important that they also look at the sketchbooks as they explain so much about the vitality of the children's work.

For example, if you look through the Edinburgh books, you see impressively detailed drawings of buildings as they learn to represent them, followed by a burst into colour as they start to paint, then their sense of form grows and suddenly they are expressing themselves more freely. In the same way the Skye children start with the freer forms of landscapes and rich colours and bring all those skills to their work in Edinburgh.

We've often talked about the children 'investigating their environment' in a way that makes the process sound quite forensic, but this doesn't have to be the case; there is a relationship between all the artworks and the places where they were made which shows the children expressing their feelings about inhabiting that space.

I remember asking the children what was the difference between drawing what you are used to seeing and just walking through it. One of the children said that he has lived in Edinburgh all his life, but he was now seeing parts of Edinburgh that he's not noticed before. He said: 'When I looked at a view I thought "I can't do this, its too complicated", but I started drawing and then suddenly somehow I knew how to do it!' The children really are observing their surroundings for the first time.

This was why developing their concentration was incredibly important, particularly considering the dominance of technology today and the fast pace of modern life. To enable the children to sit in their environment, whether it is urban or rural, and really look at it for a whole day is an achievement.

A lot of the best things in your work are close to home, they are almost staring you in the face – it's about revealing a few of the layers obscuring it. This emphasis is something which informs my own practice, and I think many other artists would agree. It's about bringing that spirit to the children, the idea that you just go outside and look at where you live, stop somewhere you walk past all the time – whether it is on a road, or on top of a hill, or the canal.

In terms of the exhibition, for me Air Iomlaid *has allowed us an opportunity to work with two particular schools at a depth that we can't normally work at. It's also important for us to bring other schools into this project and to pass it on as inspiration, as evidence of what is achievable. Yes, achievable with an investment of time or resources, but perhaps it also goes back to what you learned in your earlier projects (such as in Glasgow's Necropolis) – schools can do it simply by stepping outside and observing their local environment and drawing it.*

Yes, what I'd hope is that when people visit the exhibition, whether an adult, a teenager, or a child, they think: 'they're just ordinary children, they're not special children, but they've been able to achieve something amazing – with a bit of practice, a bit of guidance and a bit of help'.

And it's more than just artistic tuition, we are giving the children life skills. Whether they do art in the future or not doesn't matter. We're saying that if you work and become fit in your practice, whether it's art, a musical instrument, science, sport, or anything that seems ambitious to attain, if you do it day by day, or week by week you can realise that ambition. As Catriona, one of the children, said yesterday: 'I thought I couldn't draw but now I realise that drawing is about tone, line and richness of colour and the way colours work together and how you understand the shape or form of something'. She's not thinking about whether she is good or bad, she's thinking about what drawing is and this knowledge has developed her abilities and her confidence.

And in a sense that's the essence of how we want to live. Our unhappiness or frustration comes when we're not quite realising our own talents. We all want to be able to realise the best of ourselves, not just our specific talents, but in who we are as individuals.

And what will showing the children's work in The Fruitmarket Gallery, a contemporary art gallery in Edinburgh, do to it?

Or what will the work do to the gallery? I think there will be a tremendous warmth in this exhibition, and people will look at the work in a way that they wouldn't if it was up on a school wall. The work itself cuts to the essence of what art is – that tightrope between something that is overworked or underworked, the perfect balance between the two when everything comes together and just brims with life.

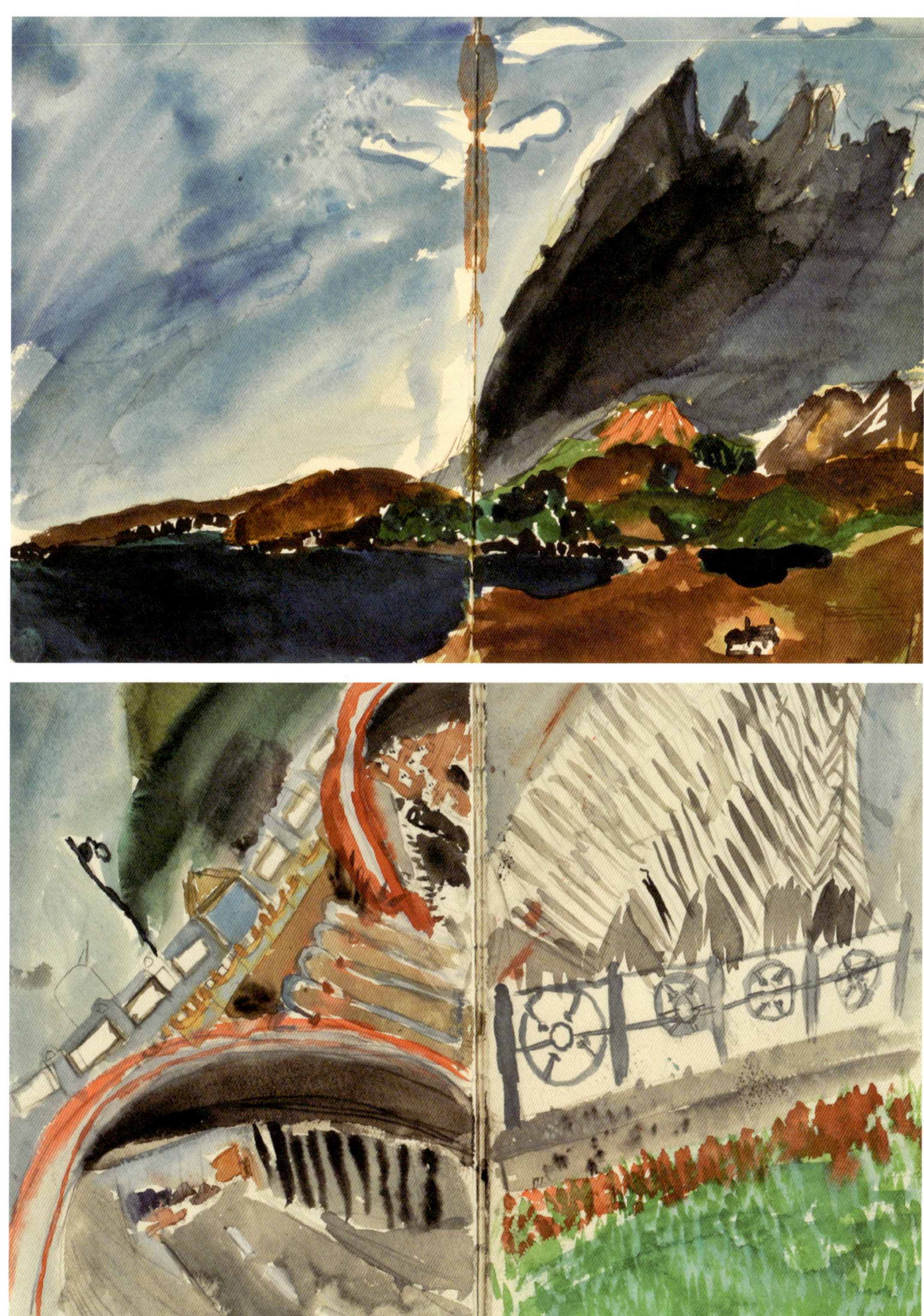

above / gu h-àrd: Stella Brook Young, Elgol / Ealaghol, 15.6.09
below / gu h-iseal: Stella Brook Young, North Bridge / Drochaid a-Tuath, 30.9.09

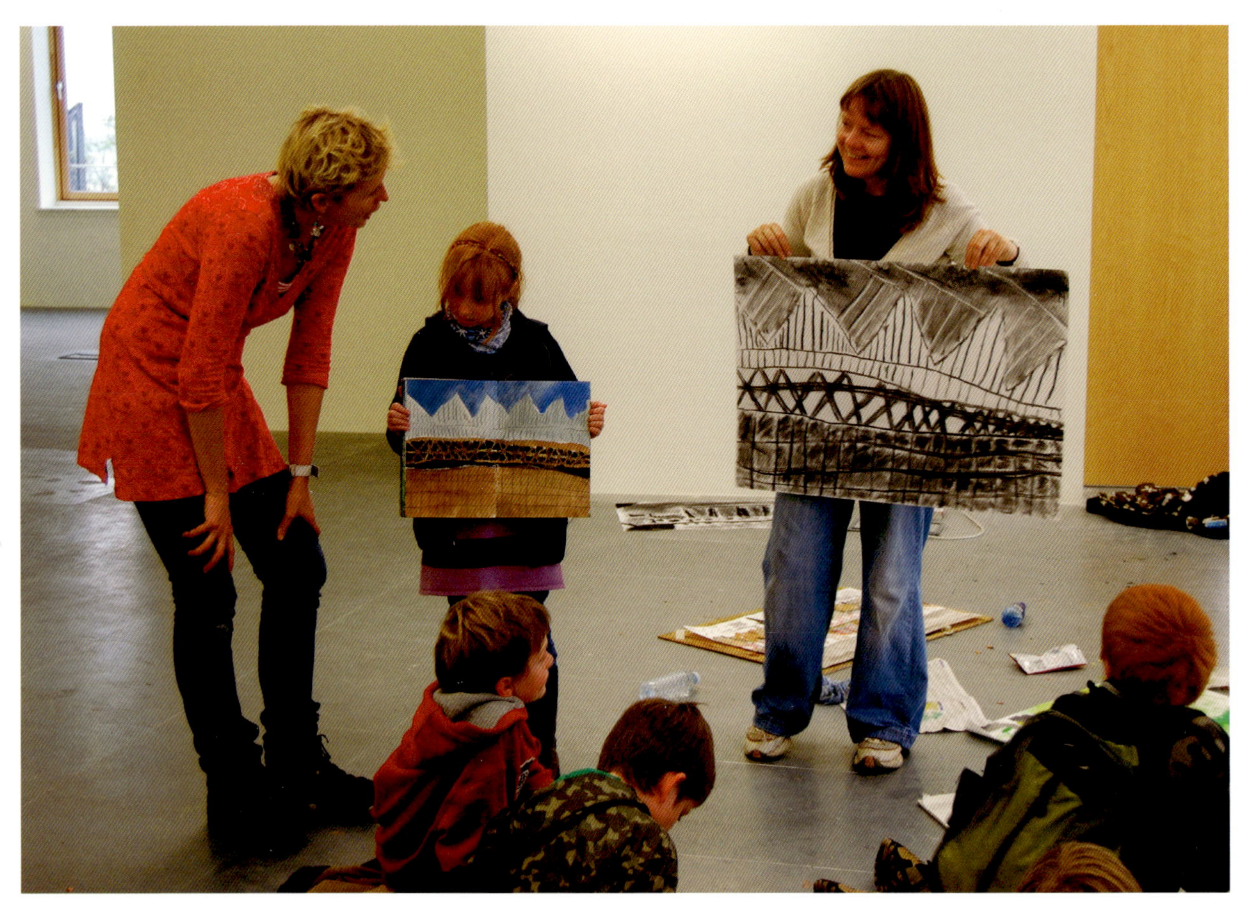

Ann an còmhradh
Julie Brook & Johnny Gailey

Còmhradh air *Air Iomlaid* eadar Johnny Gailey, Manaidsear Òigridh, The Fruitmarket Gallery, agus Julie Brook, Prìomh Dhealbhadair a' phròiseict

Discussing work, Edinburgh / Còmhradh, Dùn Èideann, 29.9.09

A' thuilleadh air d' obair fhèin, Julie, tha thu air a bhith a' stiùireadh phròiseactan–foghlaim, beag agus mòr, fad còrr air fichead bliadhna a-nis. Carson a tha na pròiseactan seo cudromach dhut?

Uill, saoilidh mi gu bheil dealbhadaireachd is mar a thathar ga teagasg gu math prionnsabalach. Bheir e sgilean do chloinn – agus do dh' inbhich – nach fhaigh iad aig an ìre cheart, an ceartuair, san sgoil. Le bhith a' toirt teagaisg dhan chloinn, air dealbhadaireachd, tro phròiseactan mòra adhartach, mar *Air Iomlaid*, gheibh iad an cothrom, an obair fhèin a ghabhail os làimh is a leasachadh, mar a dhèanadh neach-ealain: 'S ann, ri ùine, a thig piseach air an dòigh sam bi iad ag obair. Le bhith ga dhèanamh mar seo, gheibh a' chlann tuigse cheart air a' ghnothach, is bheir iad dealbhan sònraichte agus pearsanta, gu buil air a' cheann thall.

'S ann mun àrainneachd a tha mo chuid ealain fhìn: mise gam thairgsinn dhi is a' leigeil leatha buaidh a bhith aice ormsa. Bidh mi a' toirt gu leòr tide dhan obair, los gun drùidh i a-steach annam fada seachad air na beachdan a bhuail orm an toiseach. Bha ùidh agam riamh ann an obair a tha dlùth do chruth na tìre, agus tràth nam dhreuchd, thuig mi gun iarradh sin barrachd tide, sa chumantas, gus an doimhneachd a tha riatanach fhaighinn. Ged nach ionann m' obair-sa agus teagasg, saoilidh mi gur e an aon spiorad a tha gam beathachadh – seadh, gun gabh thu do thìde (còrr air dà bhliadhna le A.I.), ach am fàs rudeigin math làidir à freumhaichean meadhanach sìmplidh.

'S toigh leam a bhith a' toirt a' chothruim do chloinn obair sàr-amasach fheuchainn còmhla ri luchd-ealain, a bheir eòlas dhaibh air sgaoilteach mhath raointean. Aig bun na cùise, 's ann mu a bhith mothachail a tha seo, agus a' cur an cruth dhealbhan, d' àrainneachd fhèin. 'S e rud a th' ann nach eil idir cosgail is a tha comasach dha na h-uile. Mar thoiseach-tòiseachadh, tha e air leth feumail (bidh mise a' teagasg dhan chloinn agam fhìn) gum faod 'coimhead' agus 'dealbhadaireachd' a bhith nam pàirtean nàdarra dher beatha.

Mar sin, an e rudeigin, a chì thu nad bheatha fhèin, a tha thu ag iarraidh a thoirt seachad do chàch?

'S e. Sa chiad àite, am faireachdainn gun gabh rud sam bith dèanamh! Corra uair, nam obair fhìn, fairichidh mi gu bheil mi a' toirt bàrr air na chuir mi romham no na shaoil mi idir comasach. 'S e rud mòr mòr a th' ann, slighe a-steach dhan a' sin, a thoirt do chuideigin eile, ach 's e as motha a tha gam riarachadh mu bhith a' teagasg dealbhadaireachd, nach urrainn dhut an obair a dhèanamh dhan chloinn, feumaidh iad fhèin – gach duine aca, sin a chur an gnìomh dhaibh fhèin.

Tha e a' còrdadh rium gu mòr nuair a dh' aithnicheas mi orra gun robh latha math obrach aca – gu bheil rudeigin air carachadh annda, is gu bheil iad air sgil ùr a thogail. Chan eil seo idir coltach ris an t-seòrsa ionnsachaidh a nì sinn sa bhitheantas – far am bi thu a' toirt a-steach eòlais air cuspair, is an uairsin a' feuchainn ri dòigh a lorg air sin a chur gu feum.

Le dealbhadaireachd, 's ann a bhios tu a' cumail d' aire, gu teann, air na tha thu dèanamh, ach tha e cuideachd cudromach mar a chleachdas tu do mhothachadh, do làmhan, do cheann, do chridhe – agus air cloinn, chan eil seo na bhacadh. Thèid a h-uile sìon a chur an cèill, mar chothlamadh, air na tha dol air an taobh a-staigh, agus na tha thu ag amharc air.

Sa chiad phròiseact a rinn mi le cloinn, chuir mi seachad bliadhna, ag obair, gu cunbhalach leotha, anns a' chladh, Necropolis Ghlaschu, is sinn a' dèanamh dhealbhan air na leacan. 'S ann gun eòlas idir air a leithid a chaidh mi an sàs ann. Ach mar thoradh air a' phròiseact, fhuair mise cothrom seòmar-teagaisg a bhith agam mar stiùidio agus 's e dòigh glè mhath a bh' ann dhan chloinn, pàirt a ghabhail am Bliadhna Chultarach Ghlaschu.

Bha mi ag iarraidh dealbh mòr a dhèanamh aig an deireadh, air am biodh a' chlann ag obair còmhla. Chòrd e rium gun robh gach duine fa leth ga bhrosnachadh mar a b' iomchaidh, ach cuideachd gum bite gan teagasg mu cho-obrachadh, agus mar a dh' ionnsaicheadh iad bho chèile is bho dhealbhan càch-a-chèile.

Chaidh againn, tron phlanadh agamsa, agus dealas na cloinne, air dealbh mìorbhaileach a chruthachadh – cuid dheth àbhaisteach cuid no-àbhaisteach, gu h-araid san dòigh san do shuidhicheadh gach nì a-rèir a' chèile. Chuir e fìor iongnadh orm cho math is a bha e!

'S e an cuimhneachan cumhachdach sin a bhios a' cumail misneachd rium tro na pròiseactan eile. Bidh an fheadhainn òg a' cruthachadh dhealbhan nach b' urrainn ach do chloinn a dhèanamh – chan ann ag atharrais air obair inbheach no luchd-ealain a tha bhios iad. Ma bheir thu dhaibh an cothrom, bidh iad fosgailte is ro dheònach pròiseactan gu math adhartach a ghabhail os làimh, is bheir iad rudeigin am bàrr, ris nach robh sìon a dhùil agad!

Mar thè-ealain, bidh mise a' toirt dhaibh an structuir, ach gun cus a' chòrr a sparradh orra. Feumar a bhith subailte is tuigseach air mar a dh' fhàsas pròiseact, agus a' bhunait cheart a thoirt dhan chloinn, a leigeas leotha dhol bho neart gu neart. 'S ann, an uairsin, ma-thà, a thig na h-annasan!

Ann an *Air Iomlaid*, chìthear on fhìor thoiseach, sna dealbhan a rinn a' chlann le peansail nan leabhraichean – gu bheil iad làn saorsa; ann a' sin fhèin, air an duilleig. Thuirt Picasso gun do chaith e a shaoghal a' feuchainn ri ionnsachadh mar a dhèanadh e dealbhan, cleas pàiste. Ach, bidh luchd-ealain, a bhios rin ciùird, thar grunn bhliadhnachan, a' lorg is a' geurachadh 'cànan' (a-rèir na sùla, no ciùil, no eile), agus faodar clann a bhrosnachadh air an dearbh sheòl sin cuideachd.

San sgoil, tha e doirbh an fharsaingeachd is an ùine a tha dhìth a thoirt dhaibh. Ach ann am pròiseactan mar seo, gheibh thu air an toirt air slighe gu math fada.

Tuigidh mi gu bheil thu a' leantail ort sna pròiseactan seo, oir bidh daonnan boillsge ùr ri lorg is ri faicinn ann an obair na cloinne fod stiùir. Ann an Air Iomlaid, *chanainn gur ann anns an iomlaid fhèin, eadar an dà sgoil – clann Dhùn Èidinn is clann an Eilein Sgitheanaich, a bha sin gu mòr am follais?*

'S ann. Cha do rinn mi sin riamh roimhe. Nam bheachdsa, nuair a tha thu ag ionnsachadh mar a nì thu dealbhadaireachd, tha e coltach ri trèanadh ann an raon sam bith eile, leithid spòrsa no ciùil. Ann an spòrs tuigear, airson a bhith sàr-mhath, gum feum thu cur rid thàlantan, le bhith a' dèanamh tòrr mòr eacarsaich is obrach, gu tric, thar ùine fada

Ann a bhith a' teagasg dealbhadaireachd, tha mise creidsinn gur e na h-aon rudan a tha riatanach – feumaidh clann fàs 'fud' nan dealbhan.

Thog sinn air na sgilean aca, an àrainn air am b' eòlaich' iad, los gum b' urrainn dhaibh, an dèidh sin, an aghaidh is an ùidh a chur air cuspair ùr, àite ùr. An uairsin dh' iarr sinn orra cruinn-leum a ghearradh is earbsa a chur annta fhèin, sàillibh cho 'fud' 's bha iad.

Do chuid, b'e seo a' chiad turas a bha iad air an dachaigh fhàgail, le sin 's e ceum mòr pearsanta a bh' ann dhaibh. Saoilidh mi, leis gun tug sinn air adhart na sgilean ealain mun d' rinneadh an iomlaid, gun d' fhuair a' chlann an cothrom, na bha iad a' faireachdainn, a chur an cèill nan dealbhan. Ach cuideachd thog seo am misneachd. Mar sin, ged a bha iad fada on taigh, agus an cianalas air feadhainn o àm gu àm, chaidh aca air an aire a chumail air an obair agus an cothrom a bhuileachadh.

Mar shamhla, bha beagan de thàire aig cloinn Dhùn Èidinn le bhith a' cleachdadh dhathan nan dealbhan, is cuideachd ann a bhith a' feuchainn ri bhith fosgailte seach litireil nan ìomhaighean air a' bhaile mhòr. Dhaibh-san bha an t- Eilean Sgitheanach na thuil dhathan. Thuirt deagh thòrr aca gun d' fhuair iad faothachadh, is gun do thuig iad, dè bu chiallt do dhath san àrainn ùir seo – na bha mi a' ciallachadh le fo-dhath, tuar dath, deàlradh dath etc a chionn, chìtheadh iad iad uile, ann a shin, sgaoilte fan comhair.

Bha iad mar thà air na sgilean a thoirt air adhart airson na dathan seo a leigeil am follais is chòrd e glan riutha an diofar fhaicinn. Cha b' ann a' dèanamh dhealbhan air ballaichean is uinneagan a bha iad a-nis, ach air àitean iomallach, làn bheanntan is mara.

Tha e inntinneach cho beag de nithean mionaideach a bhios a' nochdadh ann an dealbhan clann Dhùn Èidinn air an Eilean Sgitheanach. Tha iad làn faireachdainn – glacaidh iad cruth nam beann, an t-adhar, an solas no an cuan, ach 's ann ainneamh a chì thu taigh no bàta no craobh annta. Tha na feartan seo gu math nas nochdte ann an dealbhan clann Shlèite air an stairsnich fhèin.

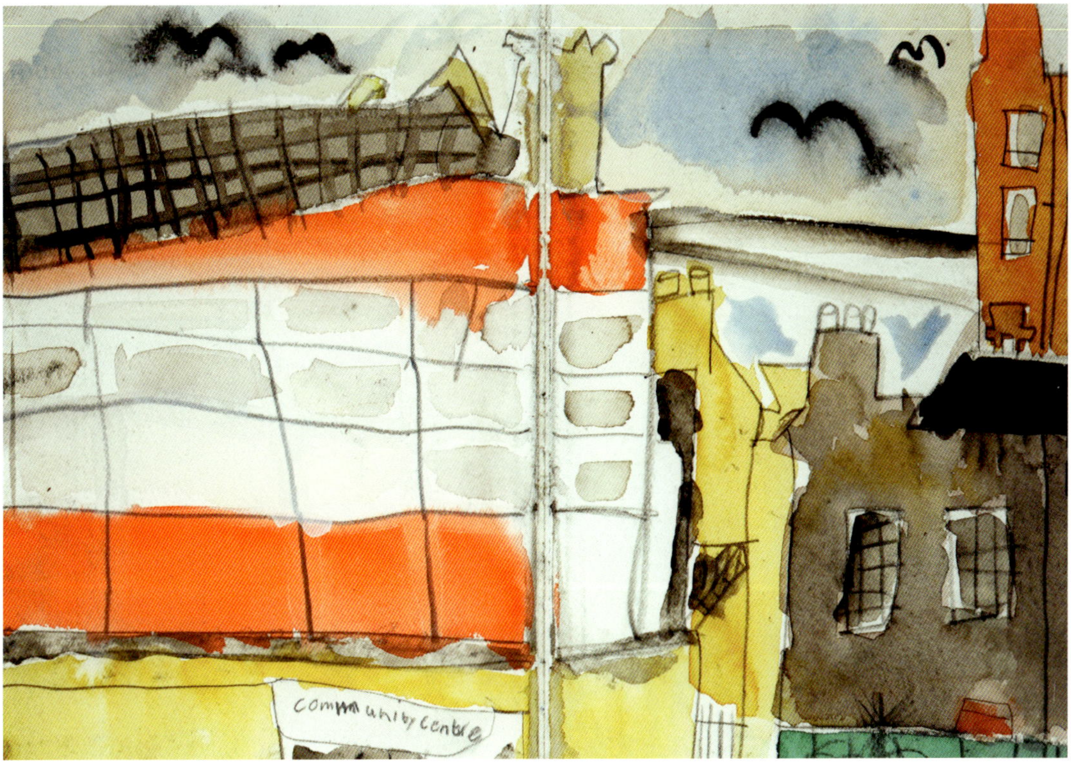

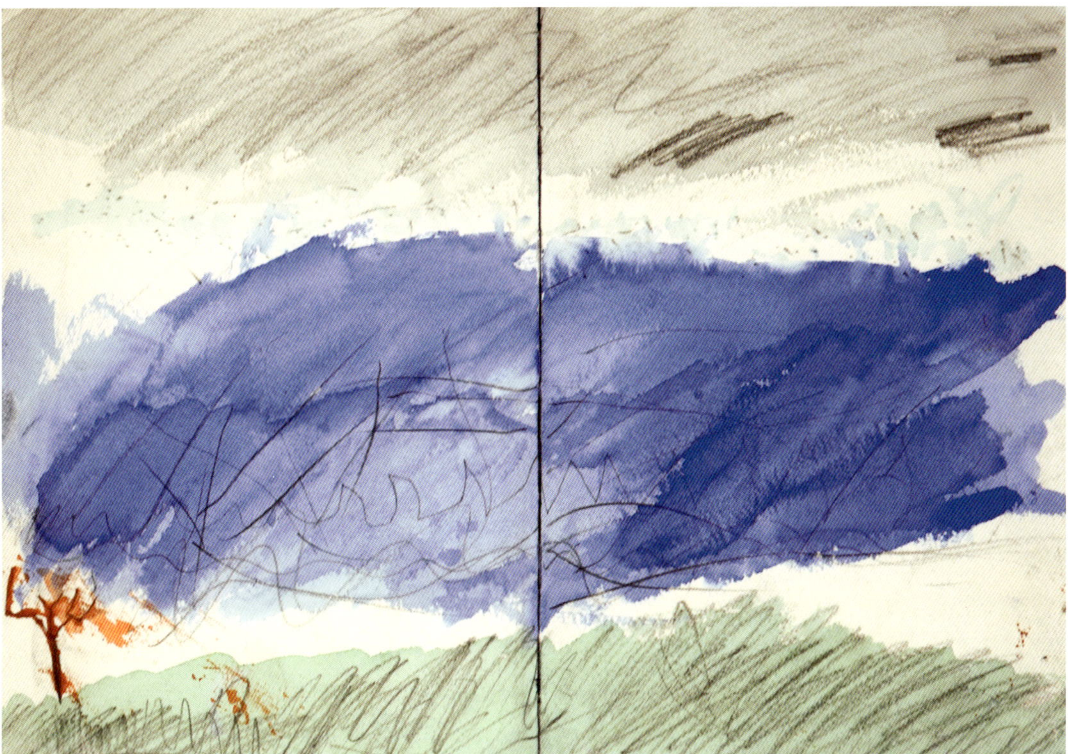

above / gu h-àrd: **Cameron Moohan**, School playground / Raon-cluiche na sgoile, 13.5.09
below / gu h-ìseal: **Cameron Moohan**, Tarskavaig / Tarsgabhaig, 8.9.09

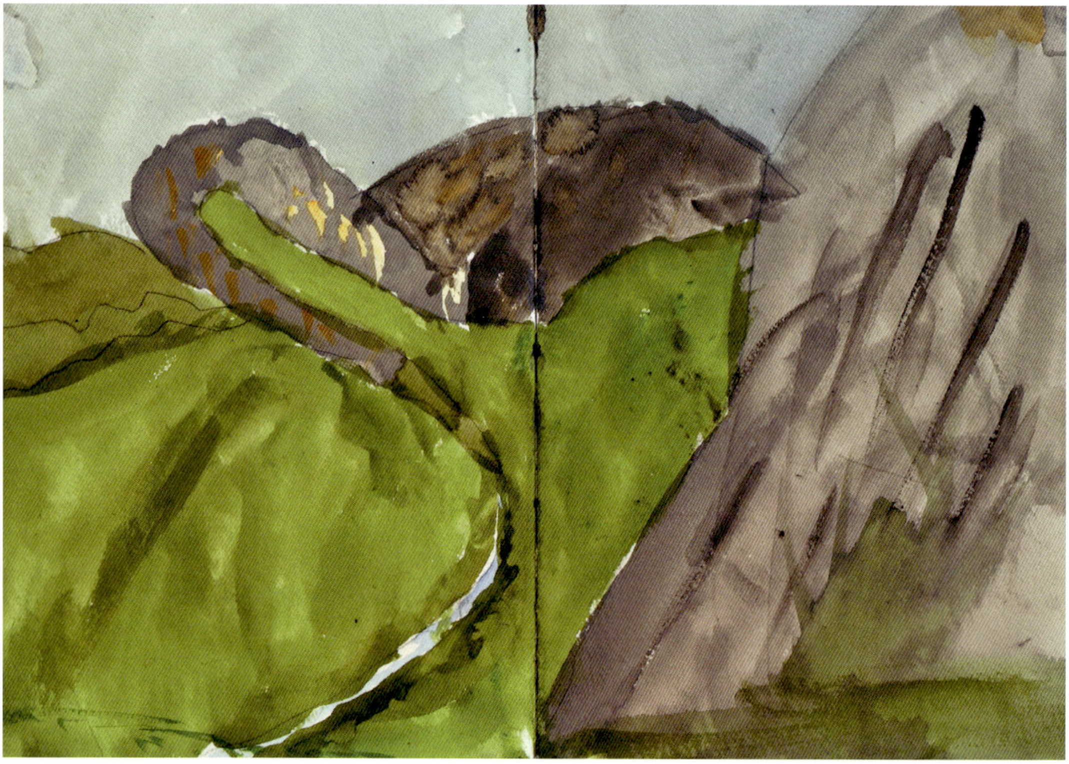

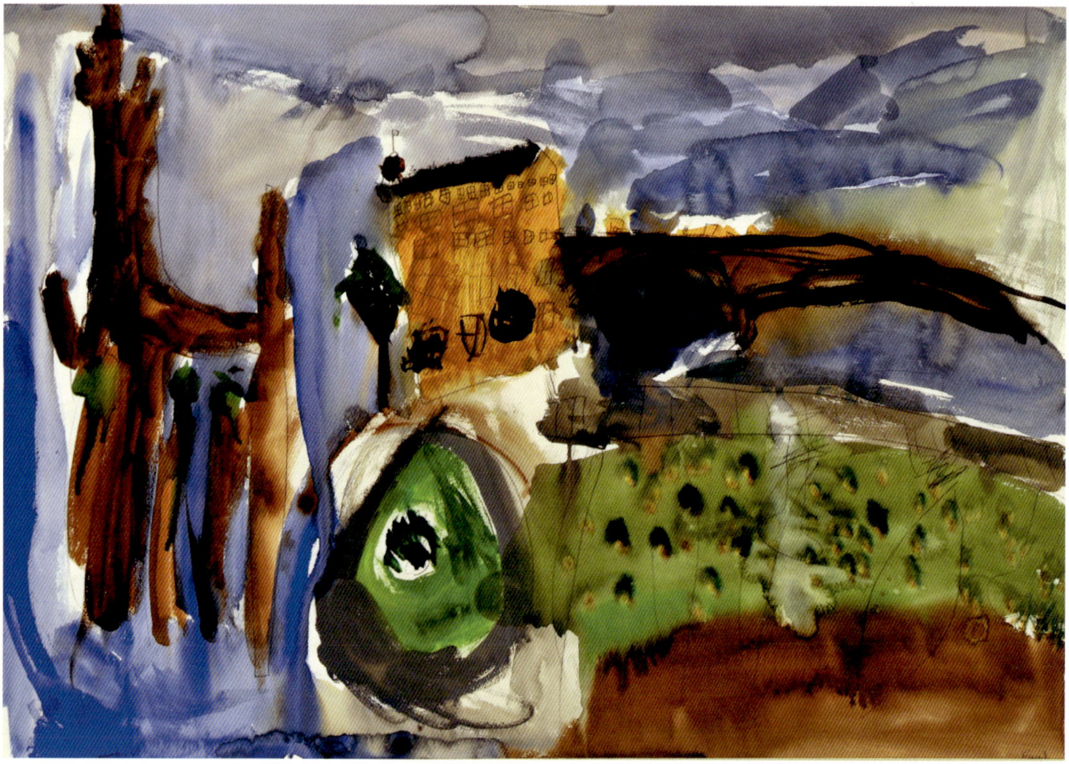

above / gu h-àrd: **Lewis Threlfall**, Beinn Dearg Mòr, 10.6.09
below / gu h-ìseal: **Finn Noakes**, Scott Monument and North Bridge / Carragh-cuimhne Scott agus Drochaid a-Tuath, 10.6.09

Agus clann Shlèite an Dùn Èideann?

Uill, bha clann Shlèite air a bhith ag obair fad greis ann an sgìre dhùthchail agus mar sin, bha stoidhle cus na bu shaoire air na dealbhan aca. Bha barrachd cuideachaidh a dhìth orra-san le cruth is co-àite.

'Se rud brèagha a bh' ann na sgilean a thog clann Shlèite a-muigh air an dùthaich fhaicinn, gan cur an sàs an togalaichean clasaigeach is ainmeil Dhùn Èidinn – leithid Taigh-òsta Bhaile Mhòireil no Drochaid a Tuath. Dhùisg e faireachdainnean làidir annam faicinn mar a thug iad uiread a shaorsa do rudan cho stèidhte, is iad deiseil gus spàirn mhòr a dhèanamh air ealain car doirbh.

Bha an oidhirp a bha a' chlann uile deònach a dhèanamh, cuideachd air rud cho sònraichte agus a bh' ann. Nuair a bhruidhinn mi an dèidh làimhe riutha, thuirt iad gun robh e glè chudromach dhaibh obair chruaidh a dhèanamh. Bha iad ag iarraidh gum biodh seo na chuimhneachan mòr ceart dhaibh – beachd-smuain rudeigin adhartach, saoilidh mi, do chloinn òig.

Mas math mo chuimhne, thuirt aon duine dhen chloinn gun iarradh dealbh math am barrachd aire is obair-inntinn bhuat, ach nuair a gheibheadh tu ceart e, bhiodh sin gad fhàgail a' faireachdainn gu math riaraichte. Bheireadh seo ort strì nas motha a dhèanamh an ath-turas, a chionn 's gu robh thu airson do dhìcheall fhèin a dhèanamh.

Bhuail e orm, air sgàth nan iomlaidean, gun tàinig piseach, chan ann a-mhàin air a' bhuidhinn a bha a' tadhal, ach, cuideachd air a' bhuidhinn a bha a' toirt aoigheachd dhaibh. Cha mhòr nach canadh tu, gun robh a' chlann ag aithneachadh nach robh an ùine ach gann, is gum bu choir na b' urrainn a dhèanamh leatha.

Ach, mun àm sin, bha gach aon aca air 'latha math' fhaireachdainn, nuair a chùm iad an aire air an obair, is a rinn iad oidhirp mhòr, is a chruthaich iad fìor dheagh dhealbh – leis an robh iad fhèin toilichte. 'S e bha iongantach, gun d' obraich seo, an dà chuid do gach sgoilear fa leth, ach cuideachd do na buidhnean.

Am faod sinn bruidhinn air na leabhraichean-dhealbh – cridhe a' phròiseict, mar a thuirt thu fhèin. Dè gheibh na thig a choimhead air an taisbeanadh, no na thogas an leabhar seo, asta sin?

Caochladh rudan, chanainn. Bhiodh a' chlann a' dèanamh dhealbhan le peansail sna leabhraichean, a h-uile uair a bheireamaid a-mach dhan àrainn-obrach iad. An dèidh greis, cha bhiodh iad ach a' leigeil len dealbhan an cruth fhèin a ghabhail, mar a thigeadh sin thuca, seach dragh a bhith orra mun dòigh sam bu choir a dhèanamh.

Anns an teagasg seo – chan e ceart no ceàrr a tha fanear dhomh – ach cò an duine òg seo? Cò mu dheidhinn a tha e no i? Chan eil mise a' miannachadh ach gun dèan iad dealbhan mar as gnàth dhaibh fhèin. Ach feumar an t-àite-cruthachaidh sin a ruighinn, cha bhi e dìreach a' nochdadh romhad.

An toiseach, bidh iad ag ionnsachadh, mar a dh' fhàsas iad cofhurtail annta fhèin is mar a ghabhas iad rin 'cànan' fhèin, air sàillibh, sin far a bheil am mac-meanmna ri fhaotainn. An uairsin, thèid iad nas dàin' air na stuthan – mar eisimpleir, gheibh iad tuigse air na diofar nithean a ghabhas cruthachadh le gual-fhiodh no uisg'-dhathan, is dòcha.

Mar a bhios beachdan na cloinne a' dol an leud, 's ann cuideachd a bhios an comas air an cur an cèill. Thèid aca air tuilleadh a chur rin ionnsachadh los gum bi sùil nas cast' aca air an obair, no gu 'n lìbhrig iad dealbhan sa bheil leasachadh mòr air, can, co-àite, ach gun iad fhèin buileach a' tuigsinn gach ceum.

Bidh seo a' soirbheadh leotha, a chionn 's gu bheil iad air an cuid sgilean a thoirt air adhart – agus air sgàth 's nach eil bacadh orra. Saoilidh mise, nuair nach eil uimhir a' mhisneachd agad, gu bheil thu buailteach a bhith nas fhaiceallaiche is nas litireile nad smaointean. Ach an dèidh dhut deagh eòlas a chur ort fhein, 's ann a bhios tu a' fàs nas fhosgailte is nas leatha, agus thèid do chomasan am feabhas air rèir sin.

Anns na leabhraichean, chì thu gur ann le peansail is rubair a-mhàin a tha a' chlann ag obair an toiseach, ach as dèidh sin feumaidh iad smaoin a thoirt air mar a chleachdas iad dathan – feadhainn a bhios is nach bi a' tighinn a-rèir a' chèile, no mar a dh' fhaodas dath a bhith fuar no blàth. Sa chiad dol a-mach, bha na dealbhan aca car 'diùid', leis gun robh a' chlann ag ionnsachadh mu na stuthan, agus aig a' cheart àm, mu modhan-ealain. Thèid an dà phàirt seo a leasachadh còmhla, mar a bhios a' chlann a' sìor obair – is chìthear sin gu soilleir nan dealbhan. S e rud sgoinneil a tha sin!

Agus nì thu clàr air an leasachadh sin sna leabhraichean?

Nì. Mar a bhiodh dùil, chan eil obair nan leabhraichean daonnan cothrom. Bidh deagh lathaichean aig cloinn is feadhainn eile air a' chaochladh, ach tha amannan glèidhte sna leabhraichean sin, nuair a bhios cuimhne agam, dìreach mar a bha an sgoilear an latha sin no an latha ud eile. Chìthinn nan aodann e, nan giùlan gu lèir – thig blàth orra, is bidh mise fhathast a' faireachdainn sin nuair a bheir mi sùil tro na leabhraichean.

Uaireannan, cha tuig iad fhèin cho math is a tha iad. 'S fhior thoigh leam nach ann gleansach, ullamh a tha na leabhraichean sin, ach tha dealbhadaireachd annta, le peansail is peant, nach fhaca mise riamh a samhail.

'S e 'àite' gle shnog son obrach a tha sna leabhraichean. Chan ann gus a sealltainn dhan t-sluagh a bhios tu rithe, 's e seo do dhoigh fhèin air dealbhadaireachd – ga sireadh is ga rèiteach.

Tha fhios air a' chiad sealladh, gur ann 's docha car robach, mì-sgiobalta a bhios cuid a' coimhead, is nach bi an sàr-ealain nochdte sa bhad, ach 's ann annta a gheibhear tùs is cridhe a h-uile sgath eile a bhuineas dhan phròiseact.

An dèidh dhan chloinn a bhith a-muigh ag obair nan leabhraichean, thilleadh iad dhan sgoil, agus, o na thog iad , dhèanadh iad dealbhan-peant san robh meudachd na bu mhotha. An uairsin, an dèidh dha na h-iomlaidean tachairt, dh' obraich a' chlann còmhla gus dealbhan cus na bu mhotha a dhèanamh, an dà chuid le gual-fhiodh is peant, is a-rithist stèidhte air na chaidh a chur sìos sna leabhraichean.

'S e rud inntinneach a bh' ann gun do mhothaich deannan math dhen chloinn gun robh e doirbh, na chaidh aca air a dhèanamh sna leabhraichean, a chur an cruth is am meud na bu mhotha. Nuair a bheir daoine sùil, san taisbeanadh, air na dealbhan mòra no air an fheadhainn am frèam, bidh e cudromach gum faic iad cuideachd na leabhraichean às an tàinig iad, oir 's ann annta sin a tha fìor bheòthas saothair na cloinne.

Mar eisimpleir, ma thèid thu tro leabhraichean Dhùn Èidinn, chì thu dealbhan sgoinneil mionaideach, a bhios a' sìor fhàs nas fheàrr, mar as motha a dh' ionnsaicheas a' chlann. Gan leantail sin, gheibhear dealbhan a tha dìreach a' cur fairis le dath, goirid an dèidh dhaibh tòiseachadh le peant. An uairsin, thig cruth de sheòrsa nas cinntiche orra is gu h-obann is gun dàil, chìthear gu bheil a' chlann a-nis a' mealtainn saorsa àraid nam modh-obrach.

Air an aon rèir, bidh clann Shlèite a' tòiseachadh le cruthan nas saoire nan dealbhan-tìre, is dathan domhainn, làn, aca, ach 's e seo na dearbh sgilean a chuireas iad an sàs nuair a thig iad a Dhùn Èideann.

Tha sinn air bruidhinn, tric is minig, mun chloinn a bhith a' dèanamh sgrùdadh air an àrainneachd fhèin, mar gur e rud forensaig a th' ann, ach cha leig e a leas a bhith mar sin; buinidh a h-uile pìos ealain dhan àite san d' rinneadh e, air dhòigh is gun cuir e an cèill faireachdainnean mu bhith 'a' còmhnaidh' san àite sin.

Tha cuimhn' am a bhith a' faighneachd dhen chloinn mun diofar eadar a bhith dèanamh dealbh air àite air a bheil thu fìor eòlach, agus dìreach a bhith a' coiseachd troimhe. Thuirt fear de chloinn Dhùn Èidinn gun robh e fhèin air a bhith a' fuireach sa bhaile fad a bheatha, ach gum faiceadh e a-nis, pàirtean dheth nach tug e an aire riamh roimhe dhaibh. Thuirt e: 'Nuair a choimhead mi air sealladh àraidh, shaoil mi, "Chan urrainn dhomh dealbh a dhèanamh dheth! Tha e ro dhoirbh – cus ann dheth", ach thòisich mi ag obair is thuig mi sa mhionaid na bh' agam ri dhèanamh' 'S i an fhìrinn a th' ann gum bi a' chlann a' coimhead air na tha mun cuairt orra airson na ciad uair.

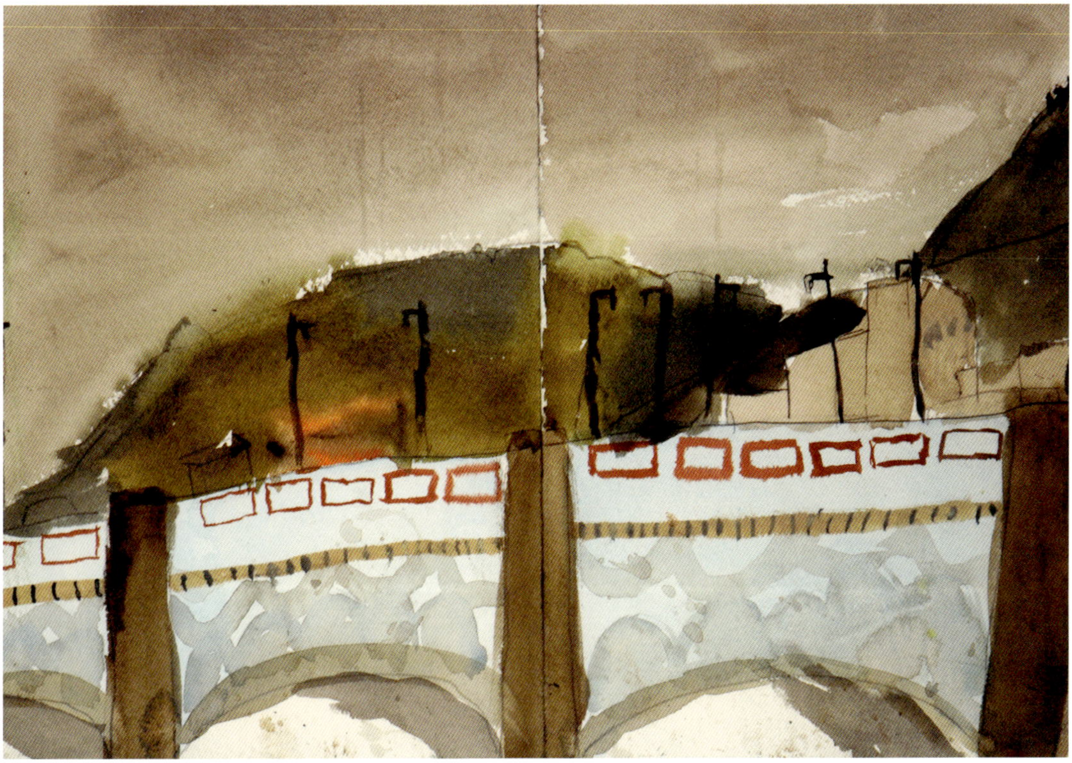

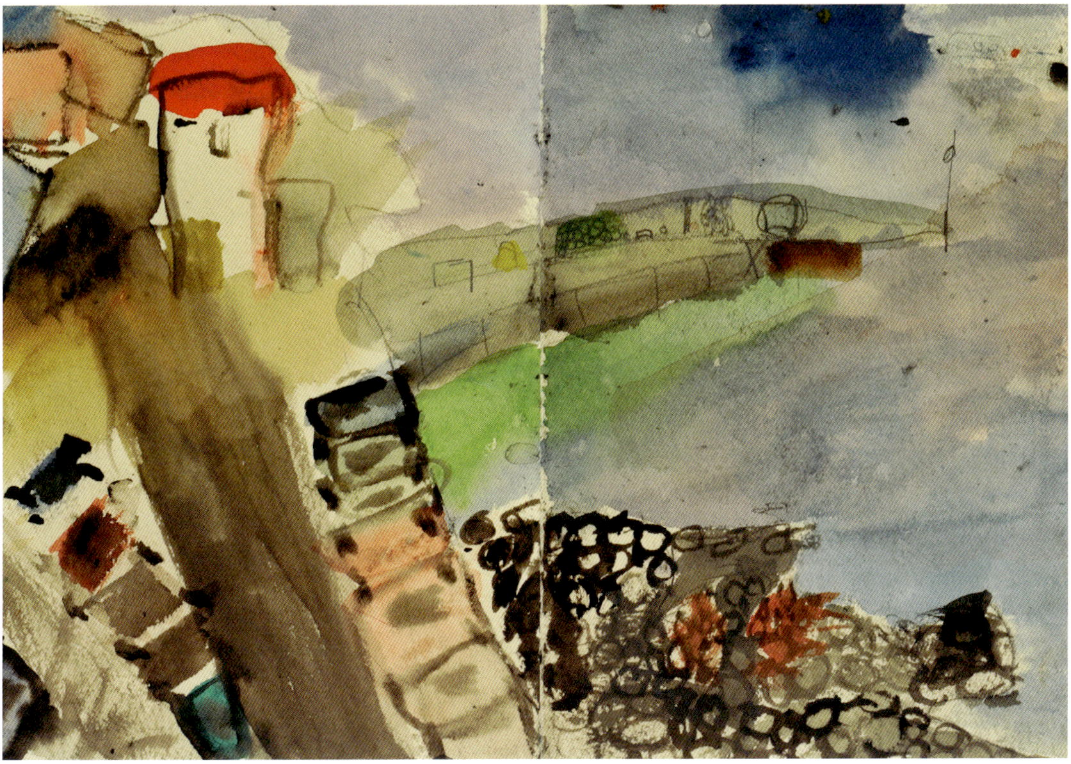

above / gu h-àrd: Holly McLeod, North Bridge / Drochaid a-Tuath, 10.6.09
below / gu h-ìseal: Ciorstaidh-Sarah Chaimbeul, Elgol / Ealaghol, 15.6.09

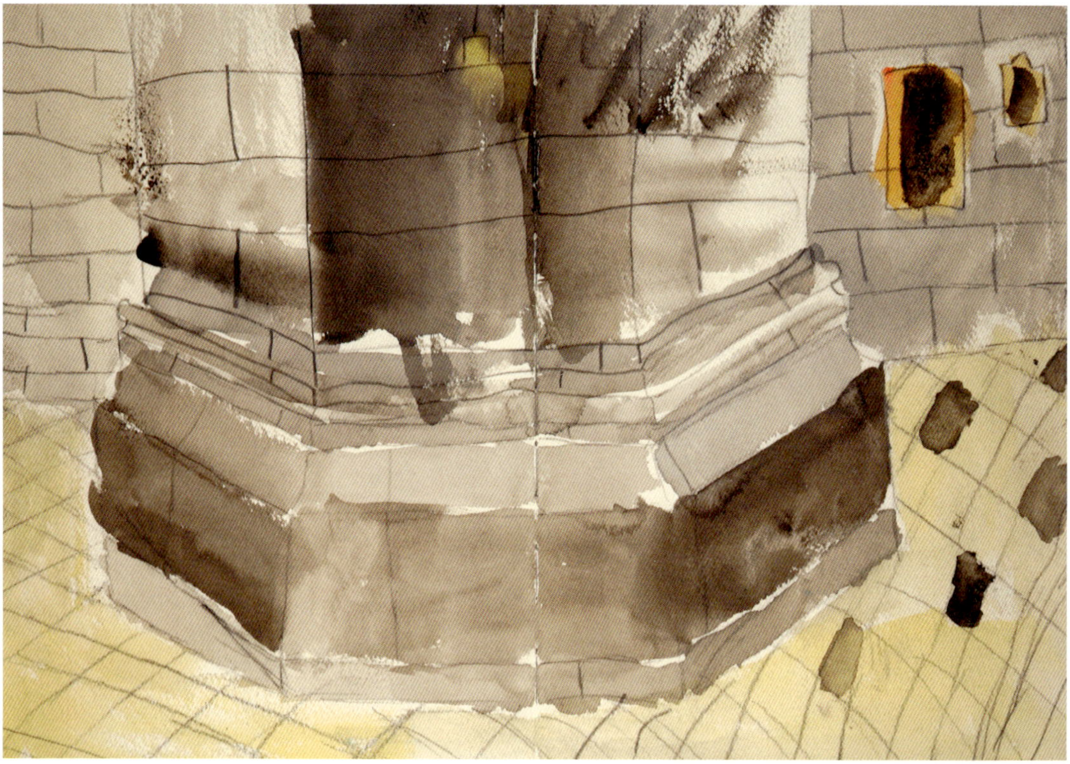

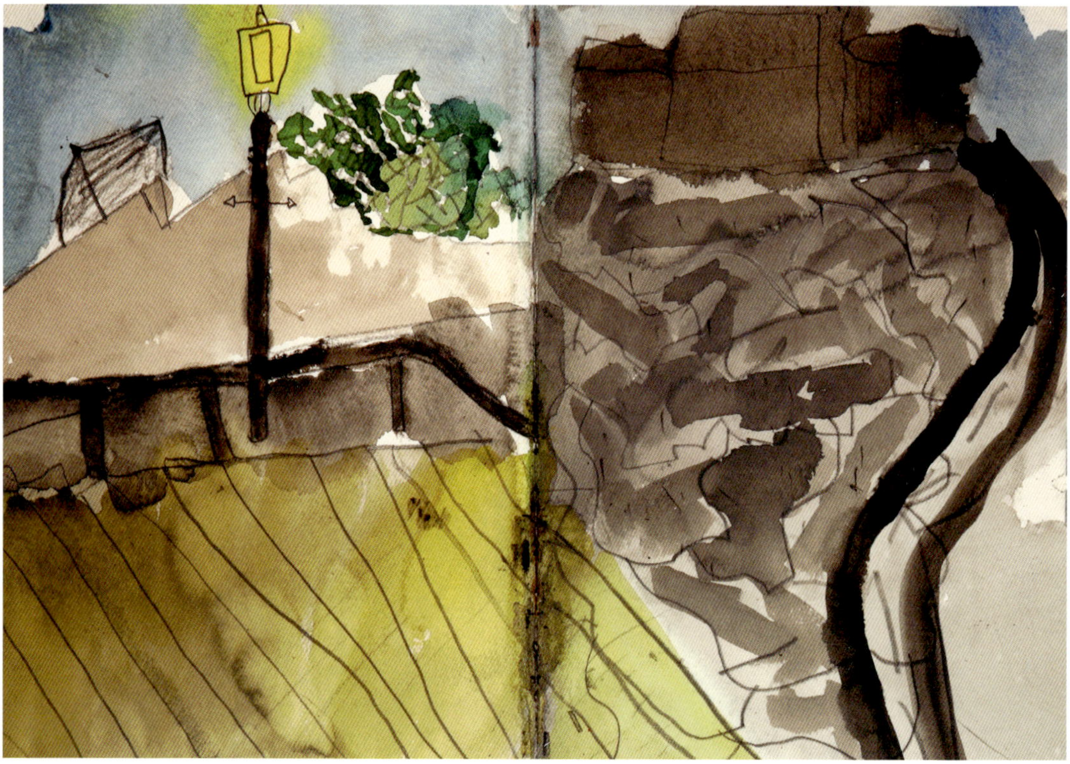

above / gu h-àrd: **Finlay MacKinnon**, St Giles Cathedral / Cathair Eaglais Naomh Giles, 17.6.09
below / gu h-ìseal: **Cameron Greatorex**, Brown's Place / Ceàrn MhicIlleDhuinn, 18.6.09

Sin bu choireach gun robh e cho cudromach gun do chuir sinn seachad tìde gu leòr ag obair leotha, an toiseach, ach am fàsadh aire is inntinn na cloinne na bu treasa; gu h-àraid leis cho mòr is a tha teicneòlas nam beatha, is an t-astar a th' air saoghal an là an-diugh. Ma bheir thu comas do chloinn suidhe stòlta, ann am baile no air an tuath, fad an latha, is sùil cheart a thoirt air na tha timcheall orra, 's e gibht mhòr mhòr a tha sin.

'S ann gu math goirid dhut a tha deagh chuid dhe na rudan as fheàrr nad obair – is iad a' coimhead ort an clàr an aodainn! 'S e tha a dhìth, ach gun tog thu air falbh am beagan rèisg a tha gam falach. Seo rud a tha prionnsabalach dhomhsa, is tha mi a' smaointinn gun aontaicheadh gu leor a luchd-ealain rium. 'S ann a' feuchainn ris an aon spiorad a thoirt dhan chloinn a bha sinn sa phròiseact seo – a bhith ag radh riutha. Thugnaibh a-mach is thoireamaid sùil air an àite sa bheil sinn a' fuireach! Nach stad sinn an àiteigin air am bi sinn a' coiseachd seachad ro thric – rathad, no bàrr-cnuic, no canàl?

A-thaobh an taisbeanaidh, tha *Air Iomlaid* air cothrom a thoirt dhuinn obair ann an doimhneachd a dhèanamh, nach fhaighear idir tric, agus sin fheuchainn le dà sgoil eadar-dhealaichte

Ach tha e cudromach, cuideachd gun tèid sgoiltean eile a thàladh chun a' phròiseict, is gum brosnaich na chì iad an ùidh aca fhèin – gu 'n tuig iad na ghabhas dèanamh!

Seadh, na ghabhas dèanamh le ùine is goiresan cearta, ach saoil a bheil gnothach aig seo ris na dh' ionnsaich thu ann an Necropolis Ghlaschu – gum b' urrainn do sgoiltean seo a dhèanamh cuideachd, dìreach le bhith a' togail a-mach dhan àrainn a tha timcheall orra, agus sin a chur an riochd dhealbhan?

Tha sin ceart. 'S e tha mise an dòchas, nuair a thig daoine a choimhead air an taisbeanadh, co-dhiù bhios iad nan inbhich, nan deugairean, no nan cloinn, gun smaoinich iad: 's e tha seo clann san t-sreath, chan eil iad ro 'shònraichte', ach chaidh aca air rud iongantach a thoirt asta fhèin – le beagan obrach, beagan stiùiridh, beagan taice.

Ach 's e rud fada na bu mhotha na teagasg an dealbhadaireachd a fhuair a' chlann on phròiseact seo. 'S ann a thug sinn sgilean dhaibh a bhios gu feum fad am beatha. Chan eil e gu diofar an lean iad orra le ealain no nach lean. 'S e tha sinne ag radh riutha – ma nì thu obair, is ma dh' fhàsas tu 'fud' san dòigh san cuir thu an gnìomh i: an ealain, an ionnsramaid chiùil, saidheans, spòrs, no an rud sam bith eile, air a bheil coltas dùbhlain, is ma chumas tu ort ga dhèanamh, latha an deidh latha, no seachdain bho sheachdain, theid agad air a' chùis a dhèanamh!

Mar a thuirt Catrìona, tè dhen chloinn rium, an dè: 'Shaoil mise nach b' urrainn dhomh dealbhan a chruthachadh, ach a-nis tha mi a' tuigsinn gur ann mu dheidhinn tuar (*tone*), loidhne, doimhneachd dhathan is an dòigh sam bith gach dath a' tighinn a-rèir na feadhainn eile a tha an obair seo, is cuideachd mar a thuigeas tu cumadh no cruth rud.'

Chan ann a' smaointinn air cho math no cho dona is a tha a h-obair a tha i a-nis, ach a' gabhail beachd air dè th' ann an dealbhadaireachd. Agus tha an t-eòlas sin air piseach mhòr a thoirt air a comasan is a misneachd.

Agus, nach ann mar sin a tha sinn uile ag iarraidh a bhith? 'S ann nuair nach eil sinn buileach a' cur ar tàlantan gu feum mar bu chòir, a bhios sinn a' fàs leamh. Tha miann againn uile, nas urrainn, a choileanadh, chan ann a-mhàin a thaobh thàlantan àraidh, ach mar dhaoine slàna.

Agus dè a' bhuaidh a bhios aig an taisbeanadh seo The Fruitmarket Gallery air obair na cloinne?

No, dè a' bhuaidh a bhios aig an obair ac' air a' Ghailearaidh? Tha mi a' smaointinn gum bi blàths air leth anns an taisbeanadh seo, agus gun coimhead daoine air an obair ann an dòigh eadar-dhealaichte seach nan robh i an crochadh air balla-sgoile. Tha an obair fhèin gad thoirt gu cridhe is anam ealain – an snàithlean a tha a' dealachadh rud nach d' fhuair spionnadh gu leòr, is an rud a fhuair cus. Nuair a gheibh thu air na dhà sin a chur air chothrom direach ceart – nuair a tha a h-uile sìon a' cur thairis le beòthalas – sin ealain.

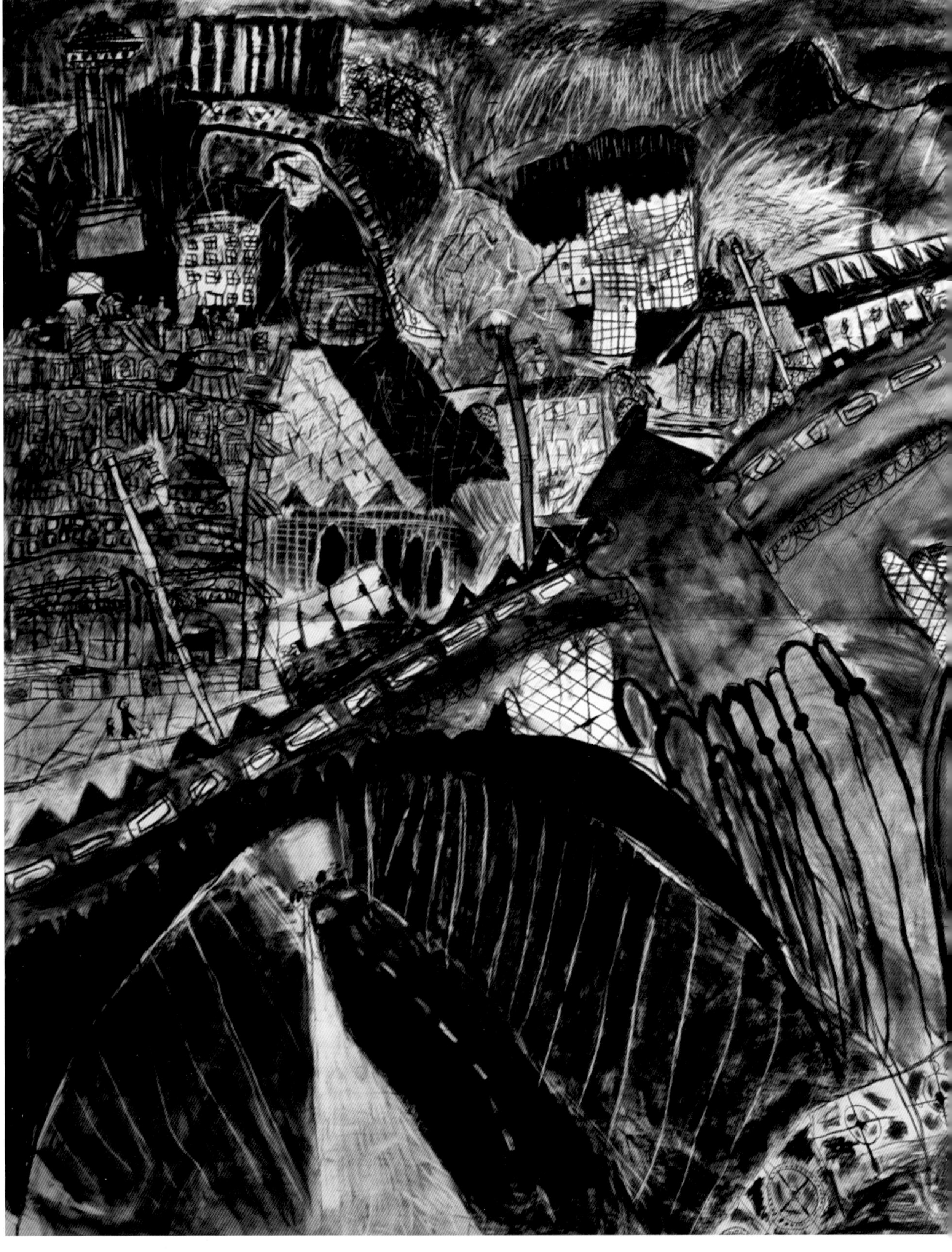

Fold-out / Pàisg a-mach: Collective drawing of Edinburgh by pupils from Bun-sgoil Shlèite / Dealbh buidhne gual-fhiodha de Dhùn Èideann le sgoilearan bho Bun-sgoil Shlèite

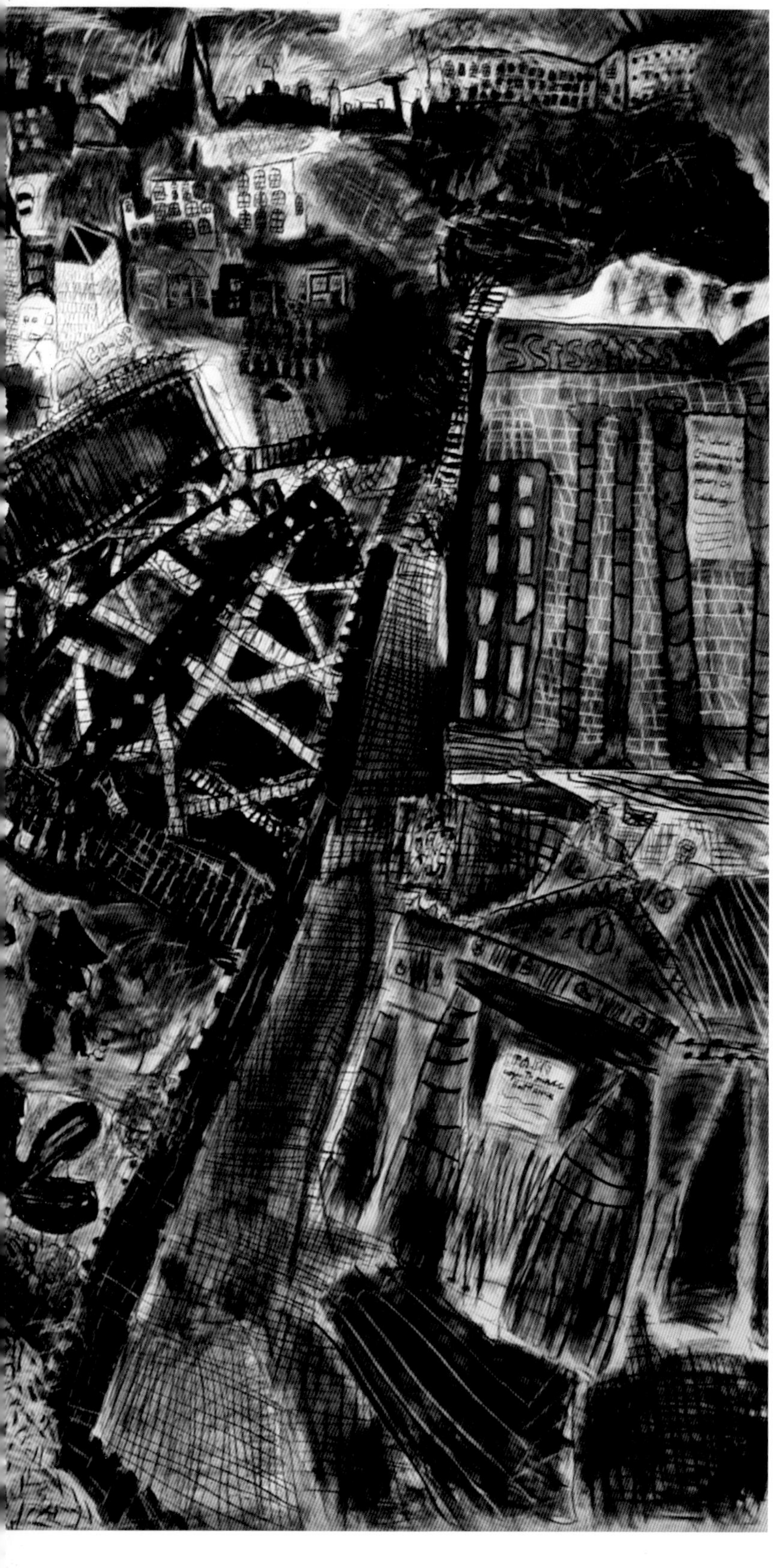

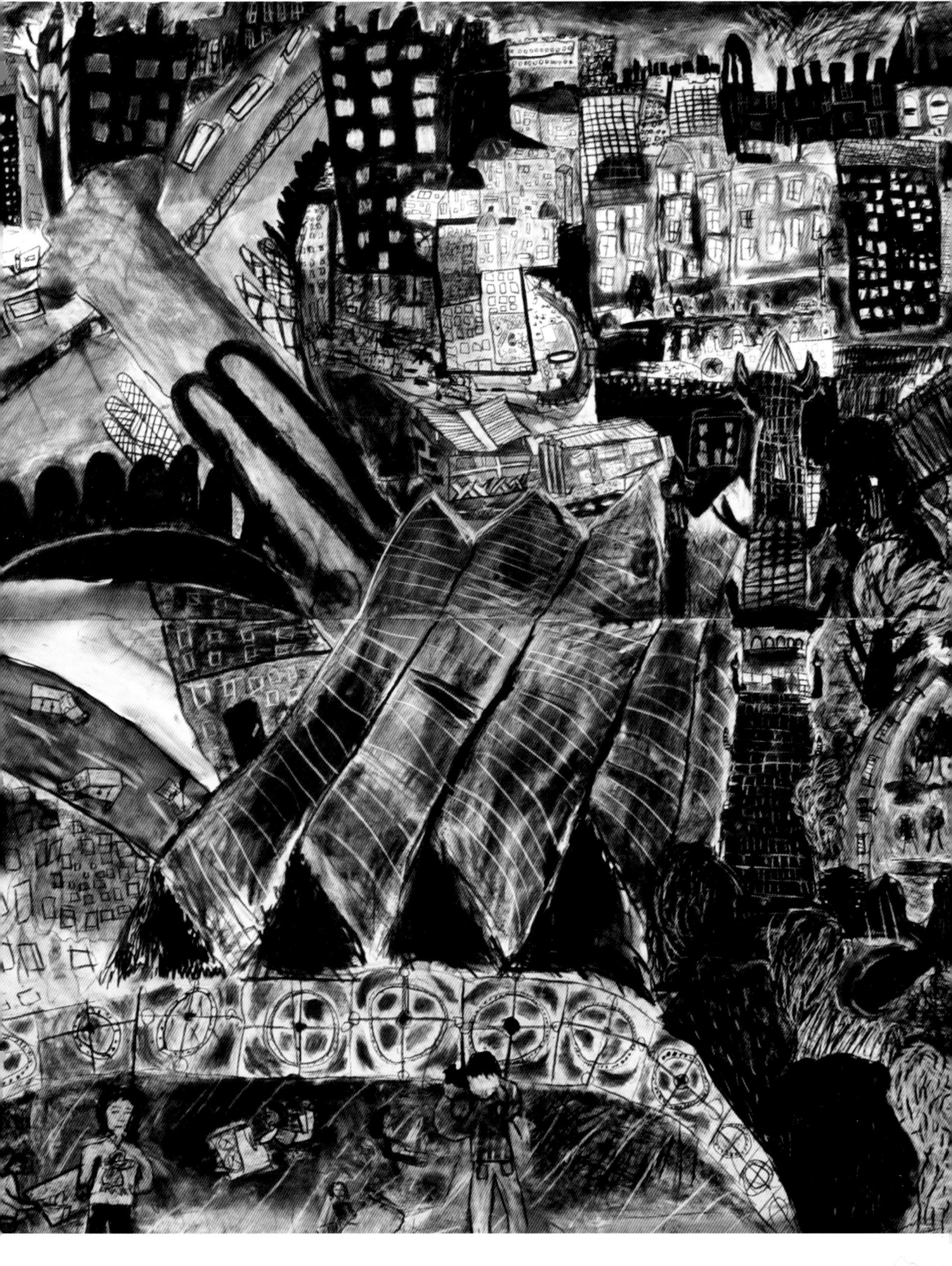

AMEIREAGA

Tha an t-uisge mar gu bheil e a' cluich le maracas agus simbals.
Tha na sgòthan mar aon mhillean isean dubh a'sgèith còmhla.
Tha na beanntannan mar leòmhann mòr a chaidil.
Tha fuaim na trafaig mar dhruma mhòr.
Tha na faireachdainnean mar a tha tonaichean agus dathan.
Tha na creagan mar sgeinean nan suidhe sa ghainmhich.

AMERICA

It is as if the rain is playing on maracas and cymbals.
The clouds are like a million black birds flying together.
The mountains are like a huge lion who slept.
The sound of the traffic resembles a large drum.
Feelings are like tones and colours.
The rocks are like knives seated in the sand.

Alastair Peel

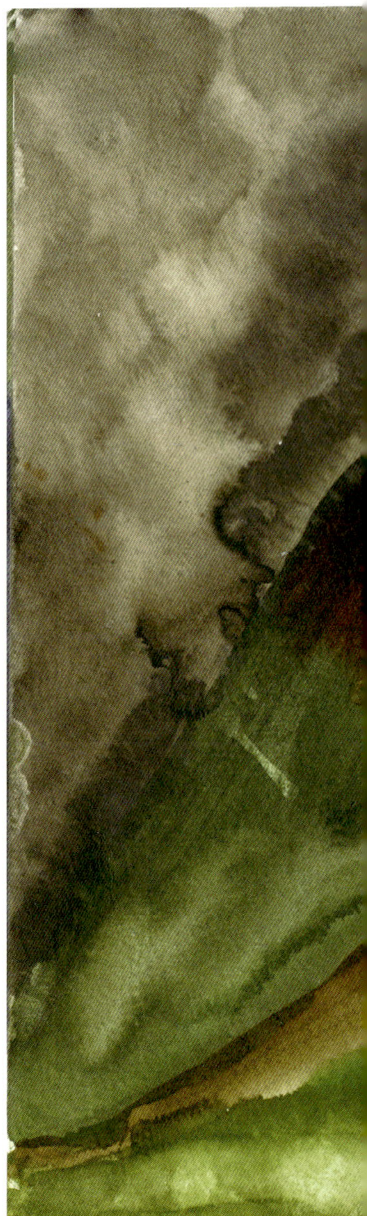

Samantha Swann, Sligachan / Sligeachan, 10.9.09

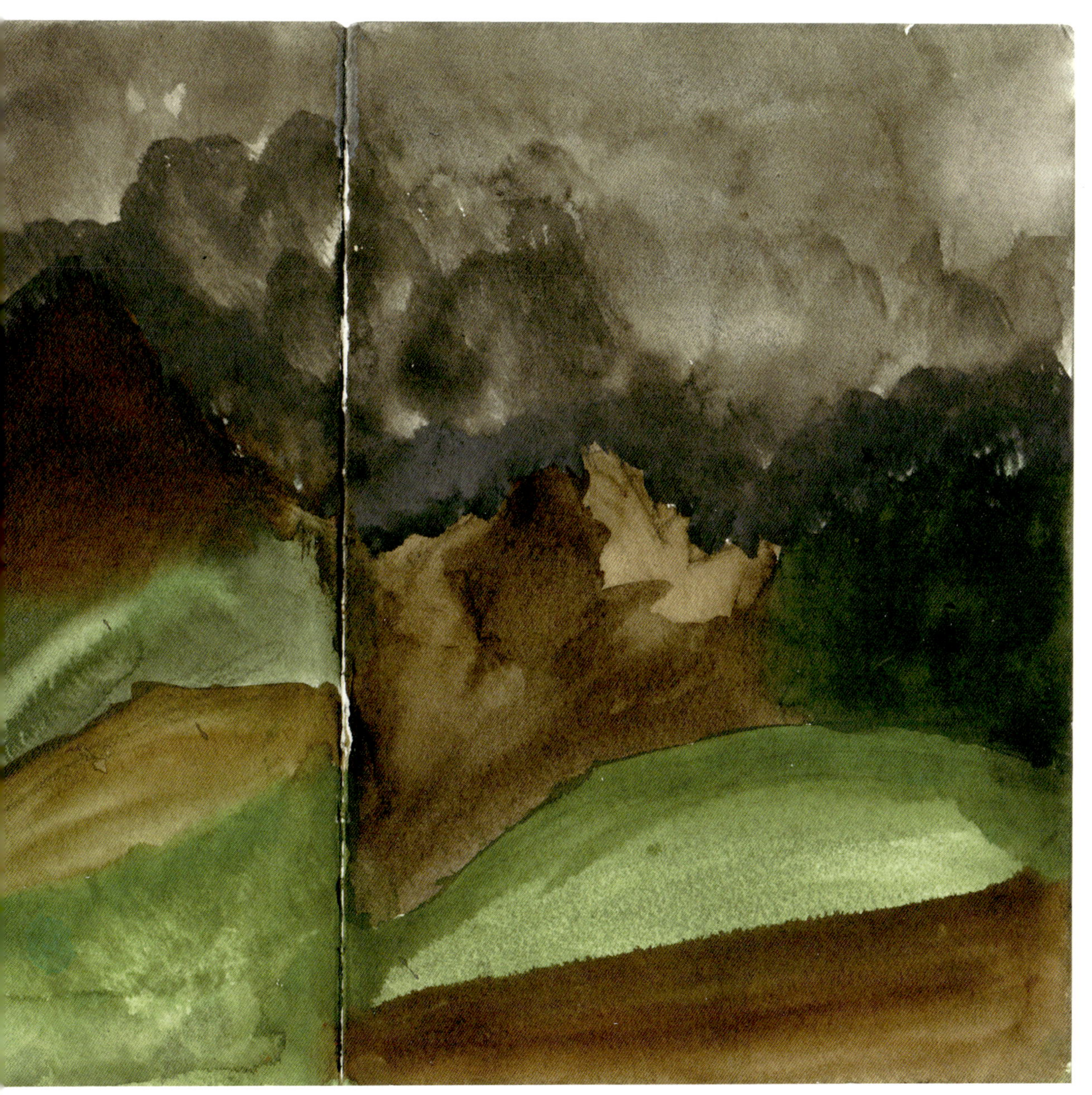

Ingleby Gallery

Sinn a' laighe air an làr
mar matchsticks bhriste
sgìth ri seann chù
peant mar food colouring

Ingleby Gallery

Lying on the floor
like broken matchsticks
Tired as an old dog
paint like food colouring

Class P5–P7, Bun-sgoil Shlèite

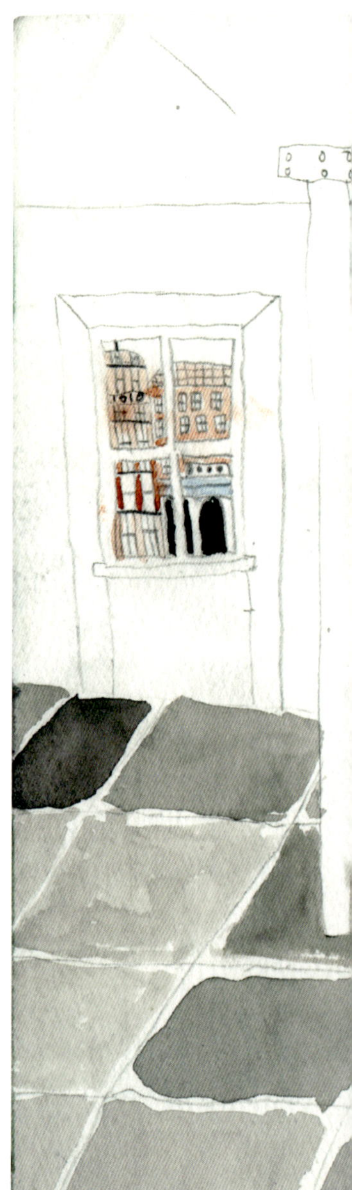

Bethany Moohan, Ingleby Gallery, 29.9.09

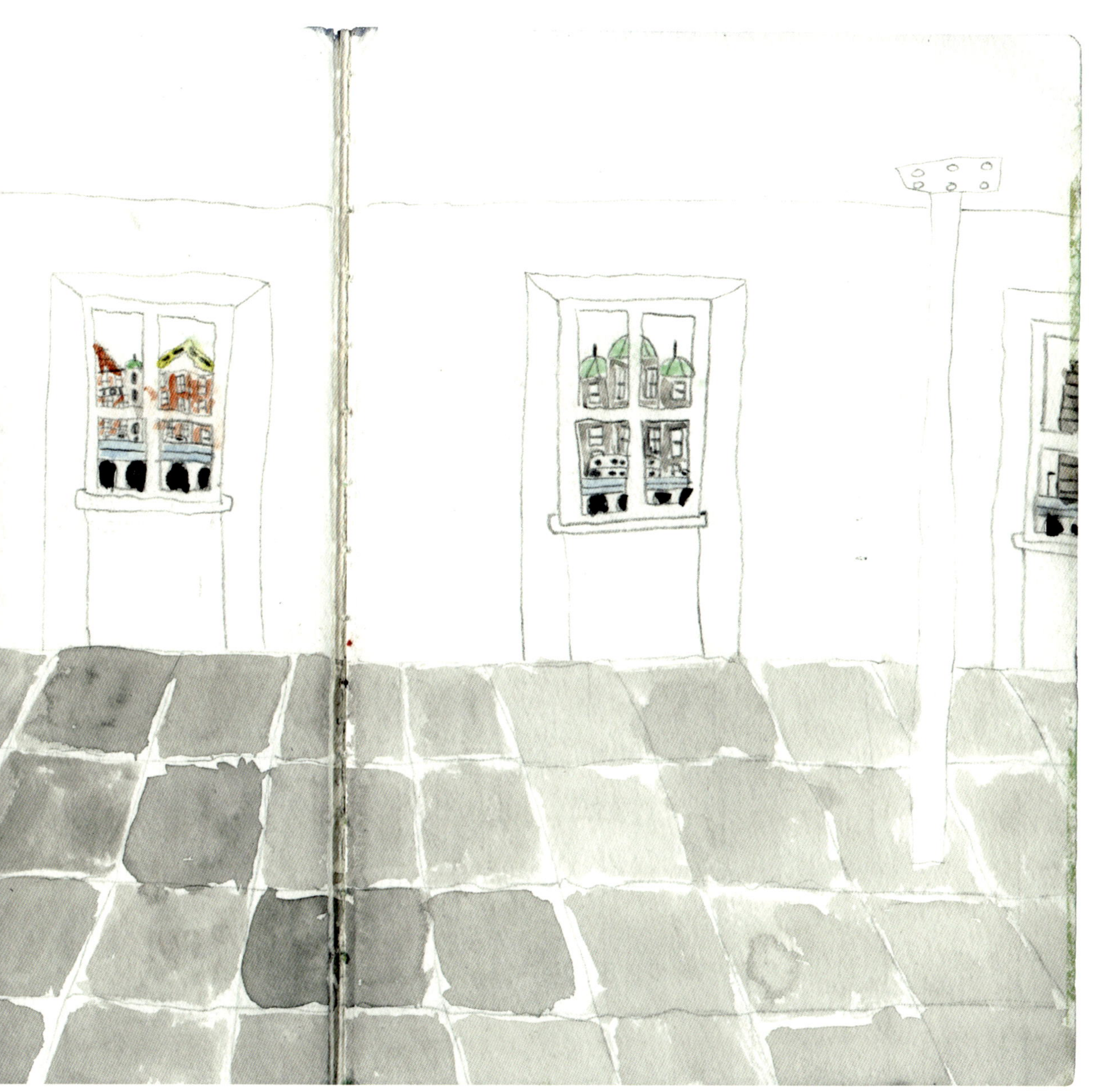

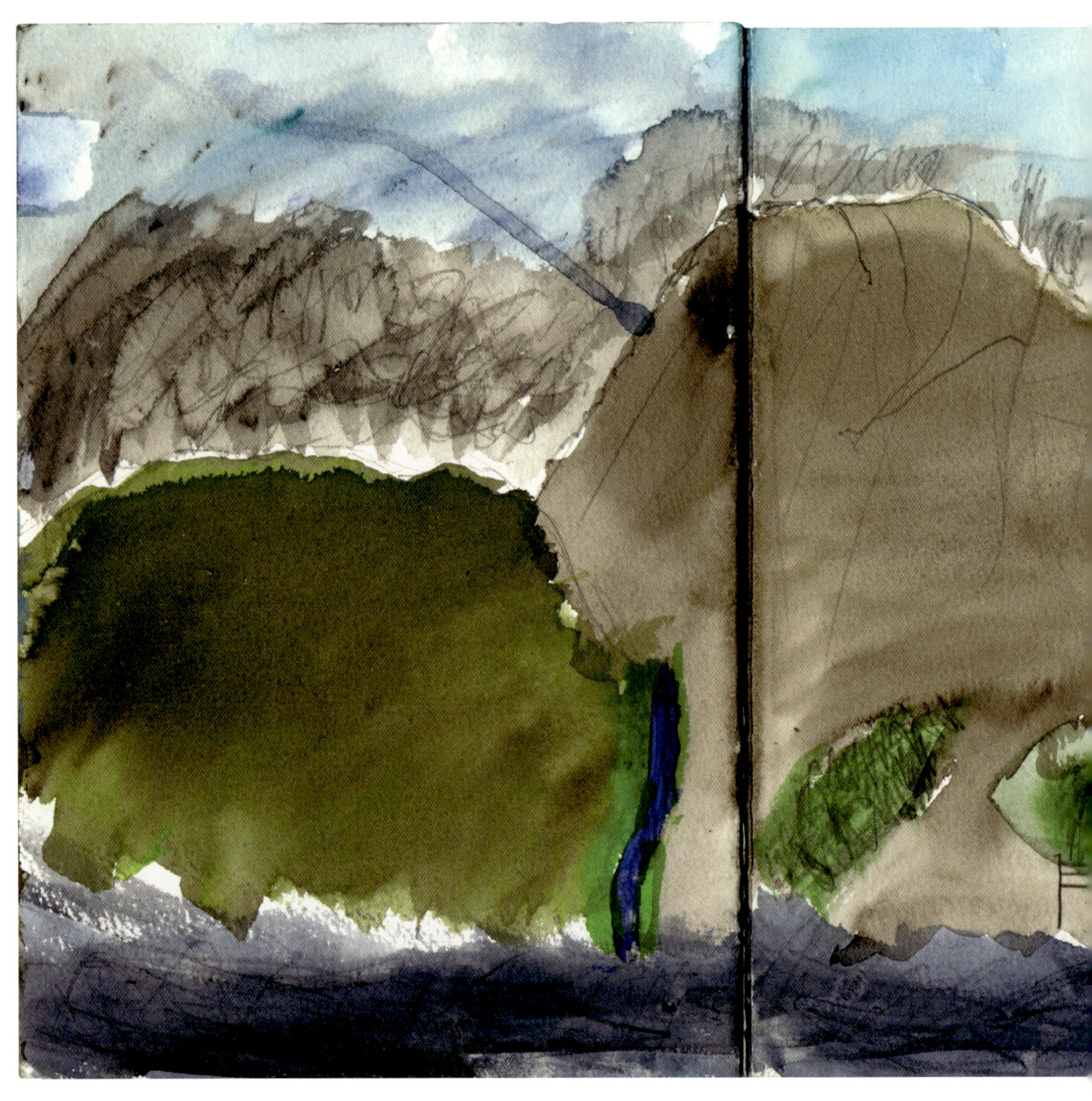

above / gu h-àrd: **Calum MacKinnon**, Blà Bheinn, 9.9.09
following / a' leantainn: **Alison Gracie**, Construction site / làrach togail, 30.6.09

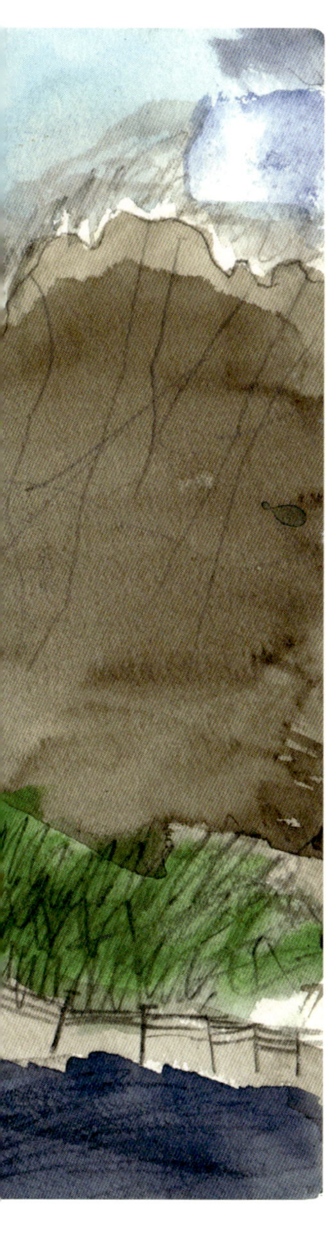

Air Mo Phàipear

Ruith a' ghaoth thairis air mo phàipear.

Tha na beanntan mar fhiaclan
a' feuchainn an dèidh nan neul -
gu 'n slaodadh sìos
chun nan uamhannan dorch'.

Bha e fliuch sa h-uile àite

Ruith a' ghaoth thairis air mo phàipear.

On My Paper

The wind ran across my paper.

The mountains are like teeth
trying to seize the clouds
and drag them down
to the dark caves.

It was soaking everywhere.

The wind ran across my paper.

Ruairidh Morrison

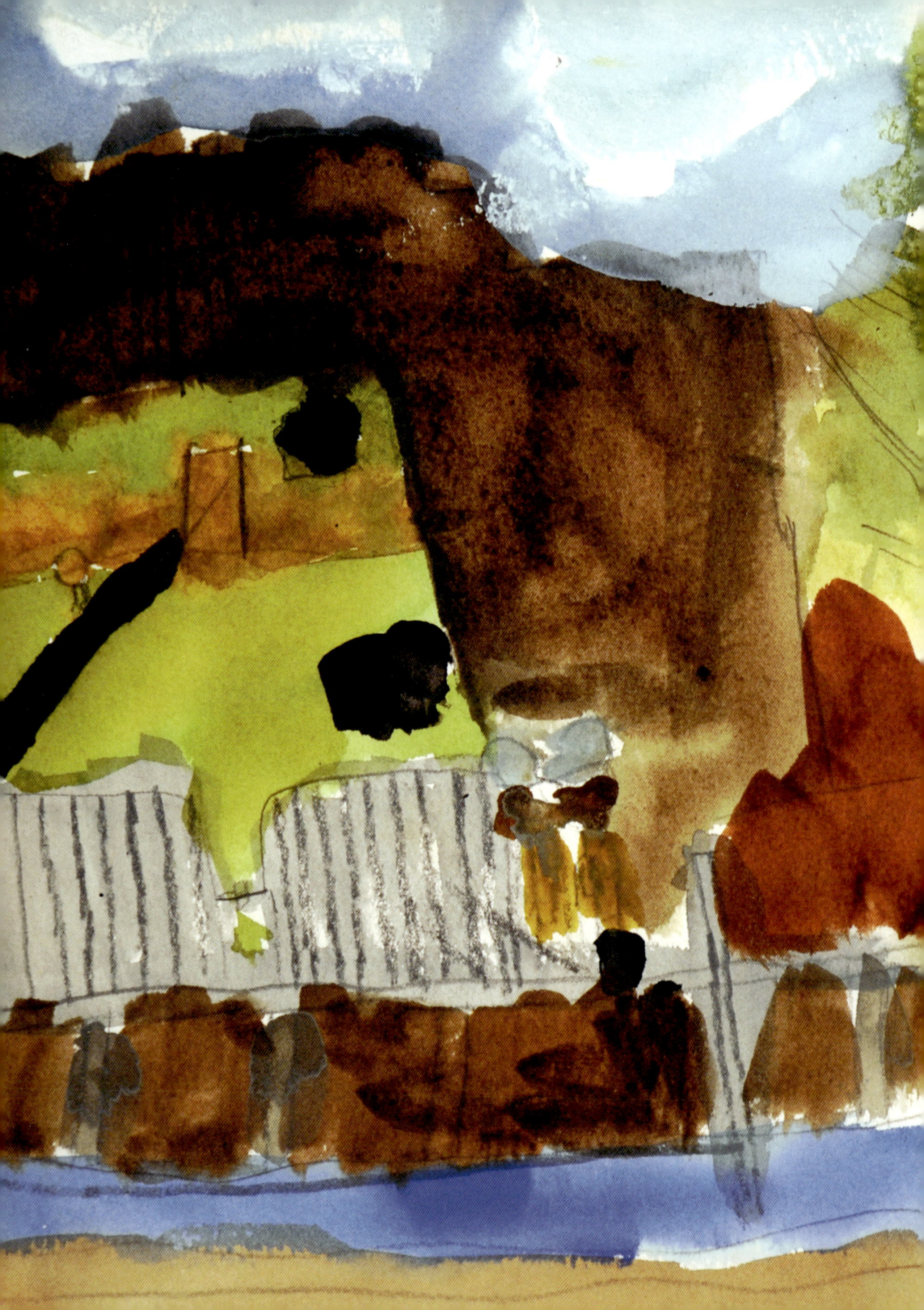

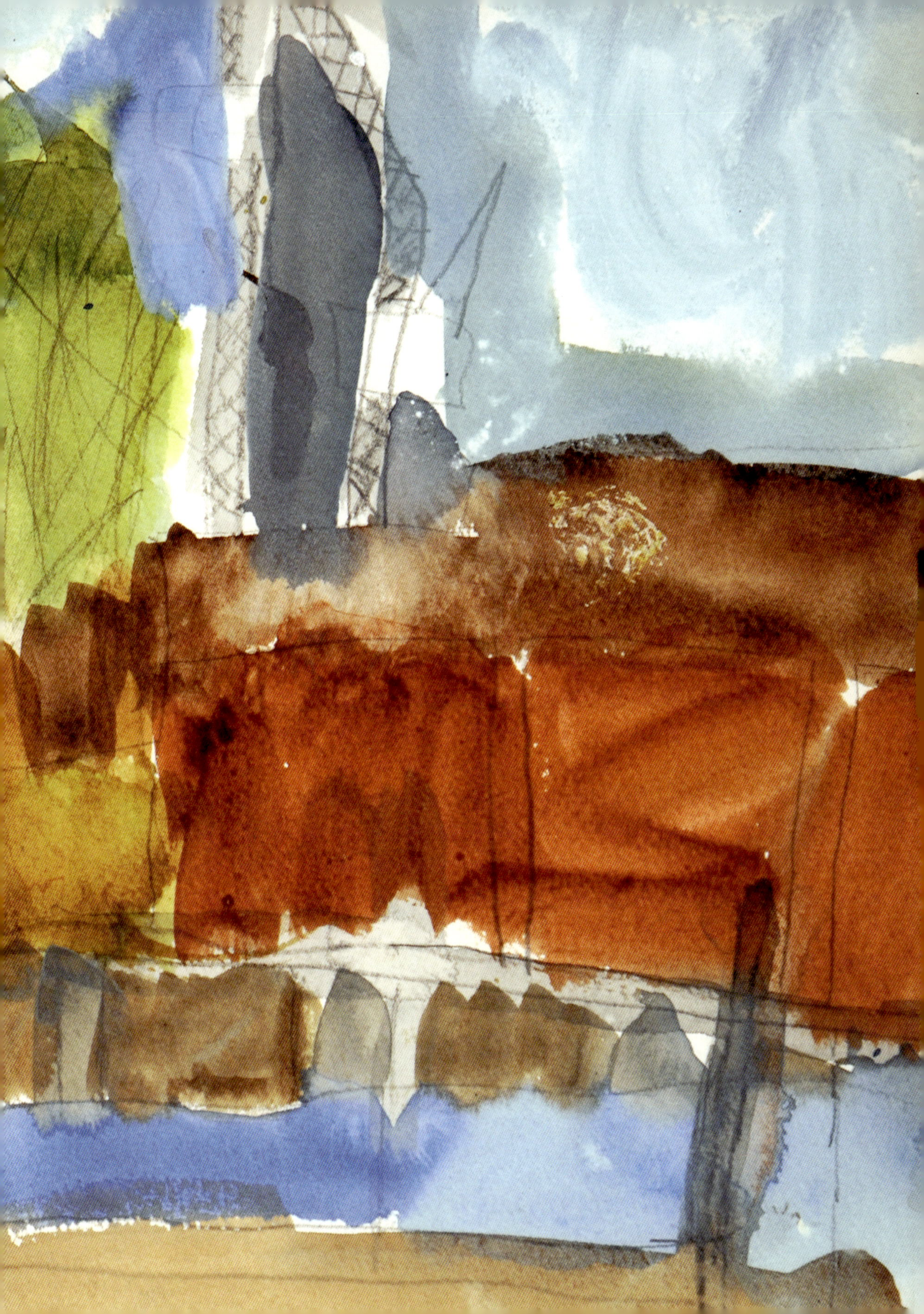

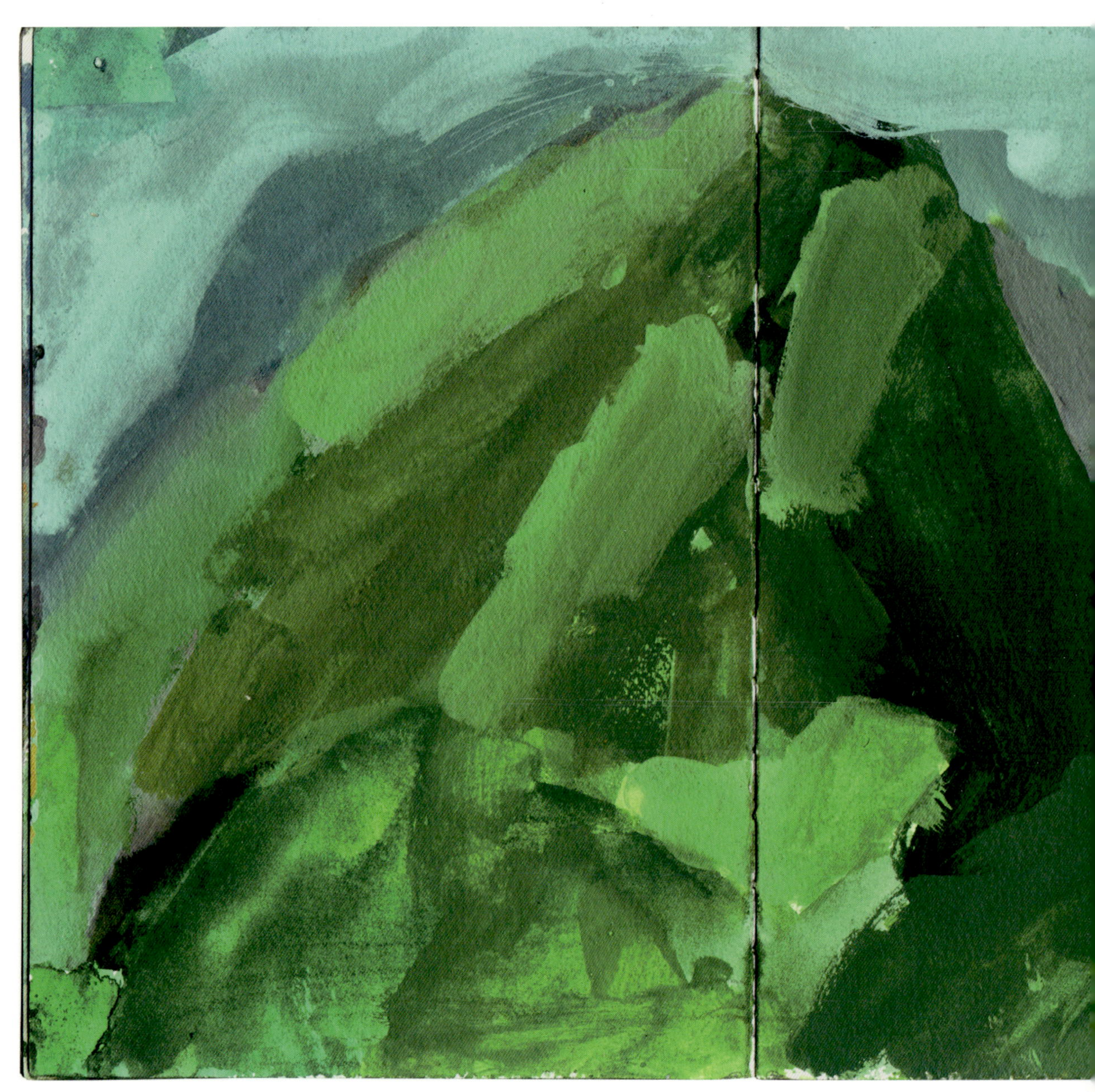

Artair Brook Young, Glàmaig, 10.6.09

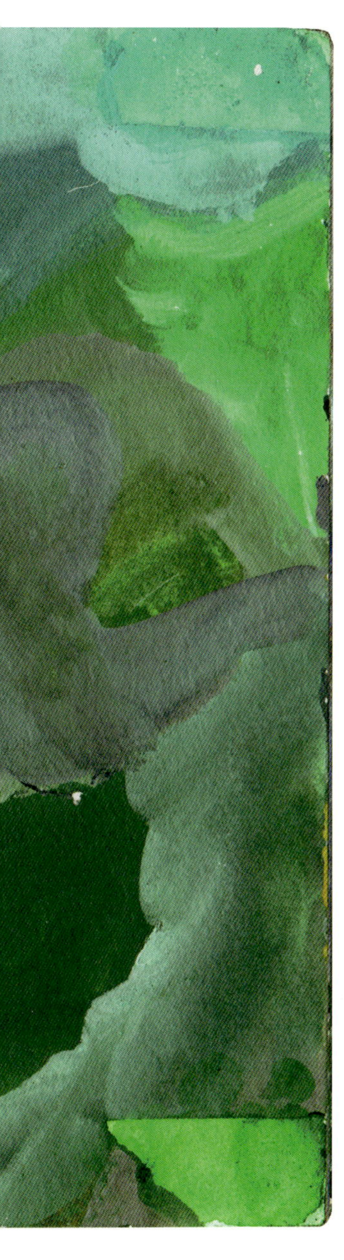

Glas, gun Ghrian, ach le Aoibhneas

Busaichean is Wizard of Oz a' dol nan aon.
Tìr a tha faisg ach gu math fad air falbh.
Tornado agus rhinoceros ag obair còmhla airson cùis-uabhais.
Tarbh a' ruith a-steach gu baile fliuch.
Seacaidean mar pharagliders a' sgèith far nan sgòthan.
Monstar ag ràdh 'Stad uisge! Stad a ghaoth! Leig a-mach grian!'
Caora steigte san adhar.
Glas, gun ghrian, ach le aoibhneas.

Grey, without Sun, but with Happiness

Buses and Wizard of Oz become one.
Land near, but far far away.
Tornado and rhinoceros team up to cause havoc.
A bull rushes into a soaked village.
Jackets, like para-gliders, fly off the clouds.
Monster orders, 'Stop rain! Stop wind! Release sun!'
A sheep stuck in the sky.
Grey, without sun, but with happiness.

Sorcha Anna MacIntyre

Diofraichte

An dealbh
agus an rud e fhèin,
Taigh Òsda Waverley
cho diofraichte
tòrr, tòrr
rudan mionaideach
le wash beaga beige
An rud e fhèin mòr
grianach agus pàtrannan
ann, tòrr
pàtrannan le
drochaid beag
le togalaichean sa
mheadhan
càraichean, busaichean
tòrr fuaim, cus
rudan ann. Na
sgòthan san dealbh
agus a' ghrian air
Waverley, cho diofraichte
troimh a' chèile.

Ròisìn Arnold

Different

The picture
and the thing itself
The Waverley Hotel
so different
a lot, a lot
of tiny things
a gentle beige wash
The thing itself big
sunny patterned
lots
of patterns with
a small bridge
buildings in
the middle
cars, buses
lots of noise, too many
things. The
clouds in the picture
and the sun on it
Waverley, so different
All mixed up.

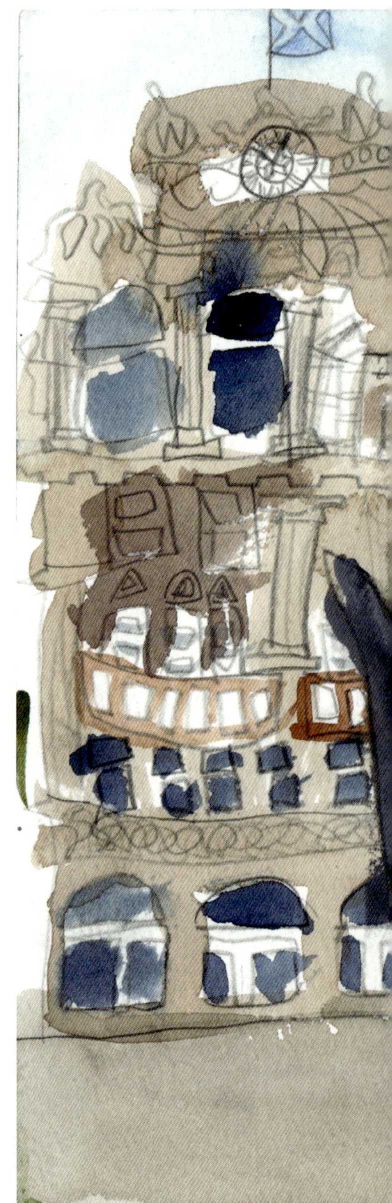

Ròisìn Arnold, North Bridge / Drochaid a-Tuath, 30.9.09

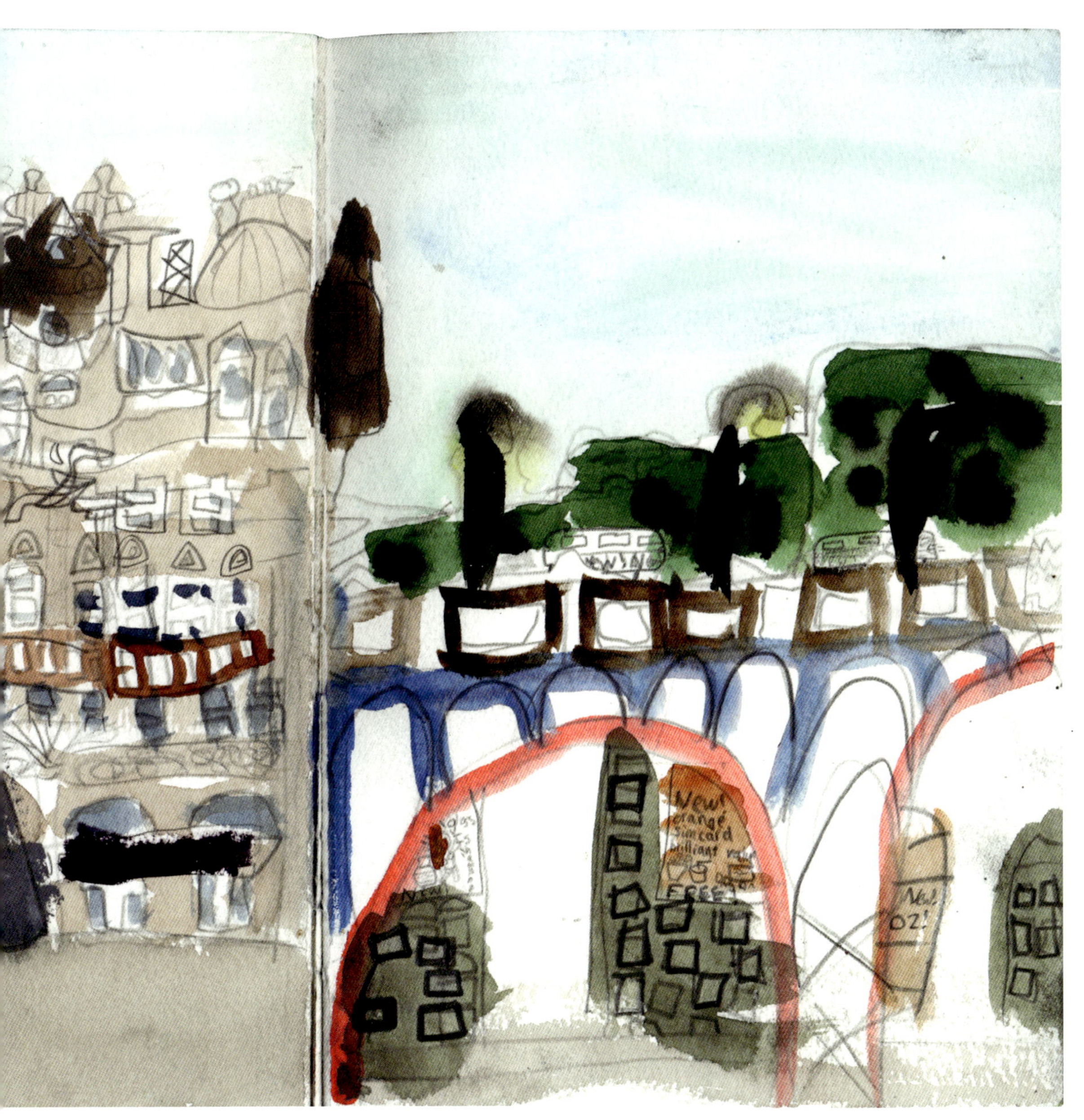
New!
orange
Simcard
FREE
O2!

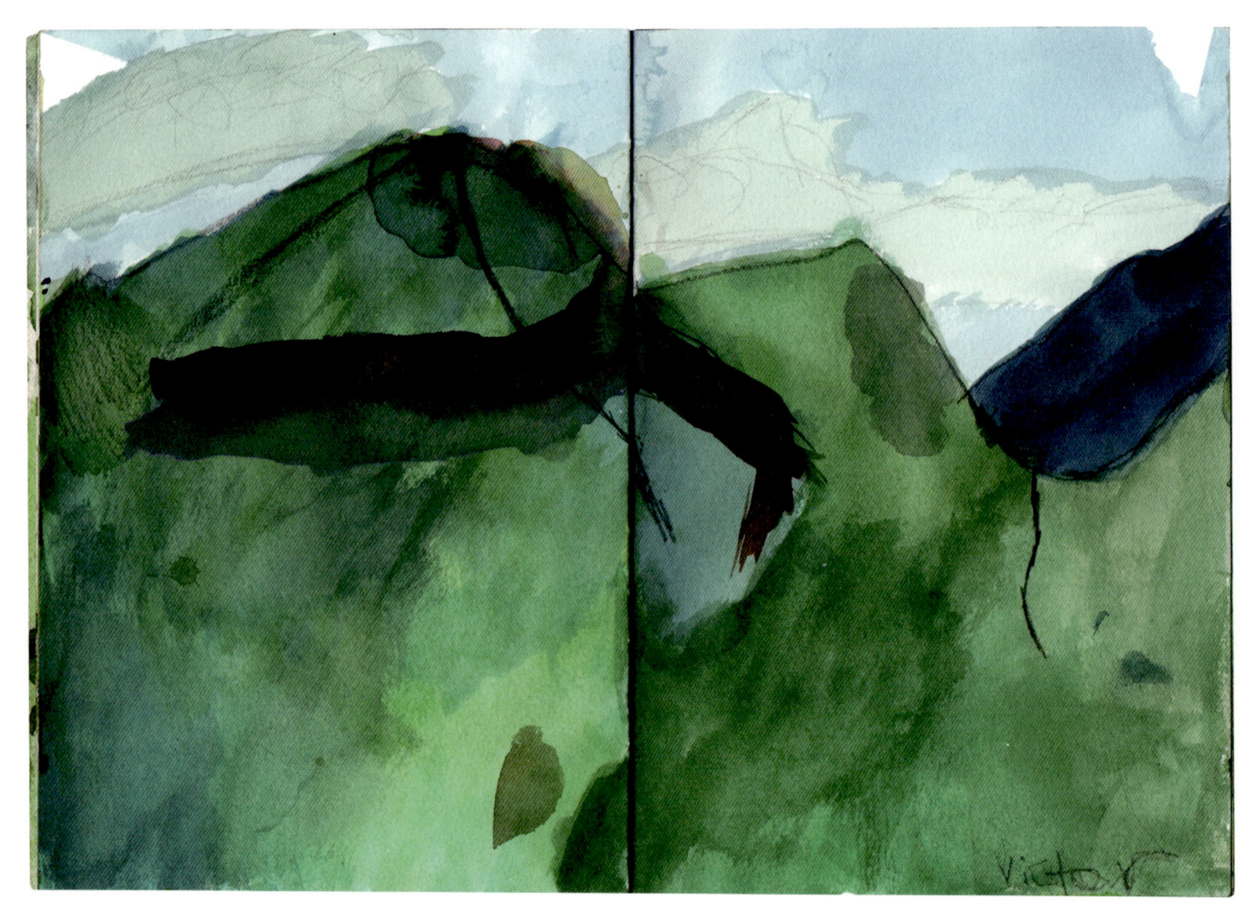

Victor MacConnell, Sligachan / Sligeachan, 8.6.09

A' Ghaoth is Na Beanntan

Tha a' ghaoth làidir le beanntan a' gluasad,
taobh gu taobh, mar dhathan air sgèith
mar eòin san adhar.

Tha sgòthan geala
le loidhneachan dorcha,
a' seasamh a-mach is a' coimhead fuar.

Bha a' ghaoth a' bruidhinn
mar dhuine brònach is òg,
nach fhaic thu.

Tha loidhneachan donn is uaine
mar shluagh nan ruith
tro na lusan is an fheur.

Tha geal tro na beanntan
mar oidhche dhorch fhuar
is an t-uisge a' sabaid riutha.

Bha na beanntan uaine is donn
ach cuideachd glas,
mar a thigeadh an t-uisge orra.

The Wind and the Hills

The hills' wild wind sways
side to side, like colours in flight,
like birds across the sky.

White clouds
with dark lines,
stand out and appear cold.

The wind spoke
like a sad young lad,
out of sight

Brown and green lines
run like a crowd
through the undergrowth.

The white through the mountains
is like a cold dark night,
rain comes in combat.

The mountains were green and brown
but also grey,
as the rain made its mark.

Angus Webster

An Latha Snog

Bha e cho brèagha ri uinneig eaglais,
cho beag ri seangan.

Bha na creagan mar bhuill-reòiteig,
na taighean mar ùighean beaga damhan-allaidh.

Agus am feur a' coimhead mar arm a' falbh gu cogadh.

The Nice Day

It was as stunning as a church window,
as small as an ant.

The rocks were like ice-cream scoops,
the houses like tiny spiders' eggs.

And the grass like an army preparing for war.

Euan Hamilton

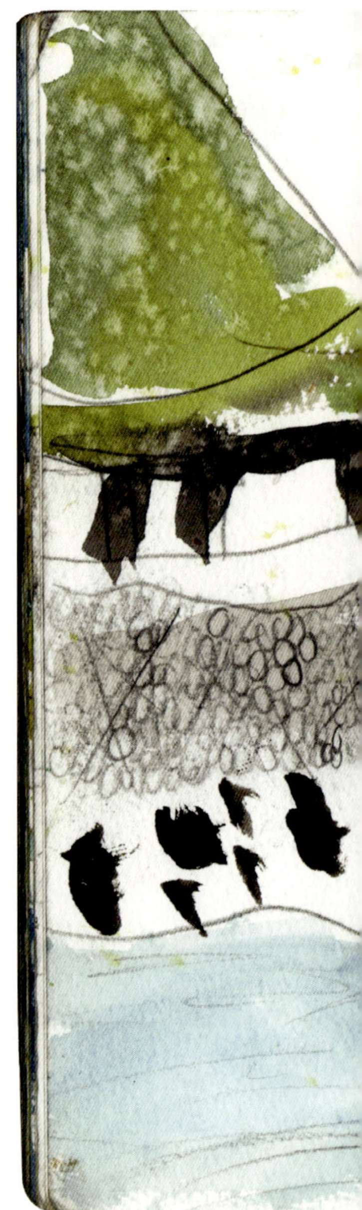

Finlay Macfadyen, Torrin / Na Torran, 9.9.09

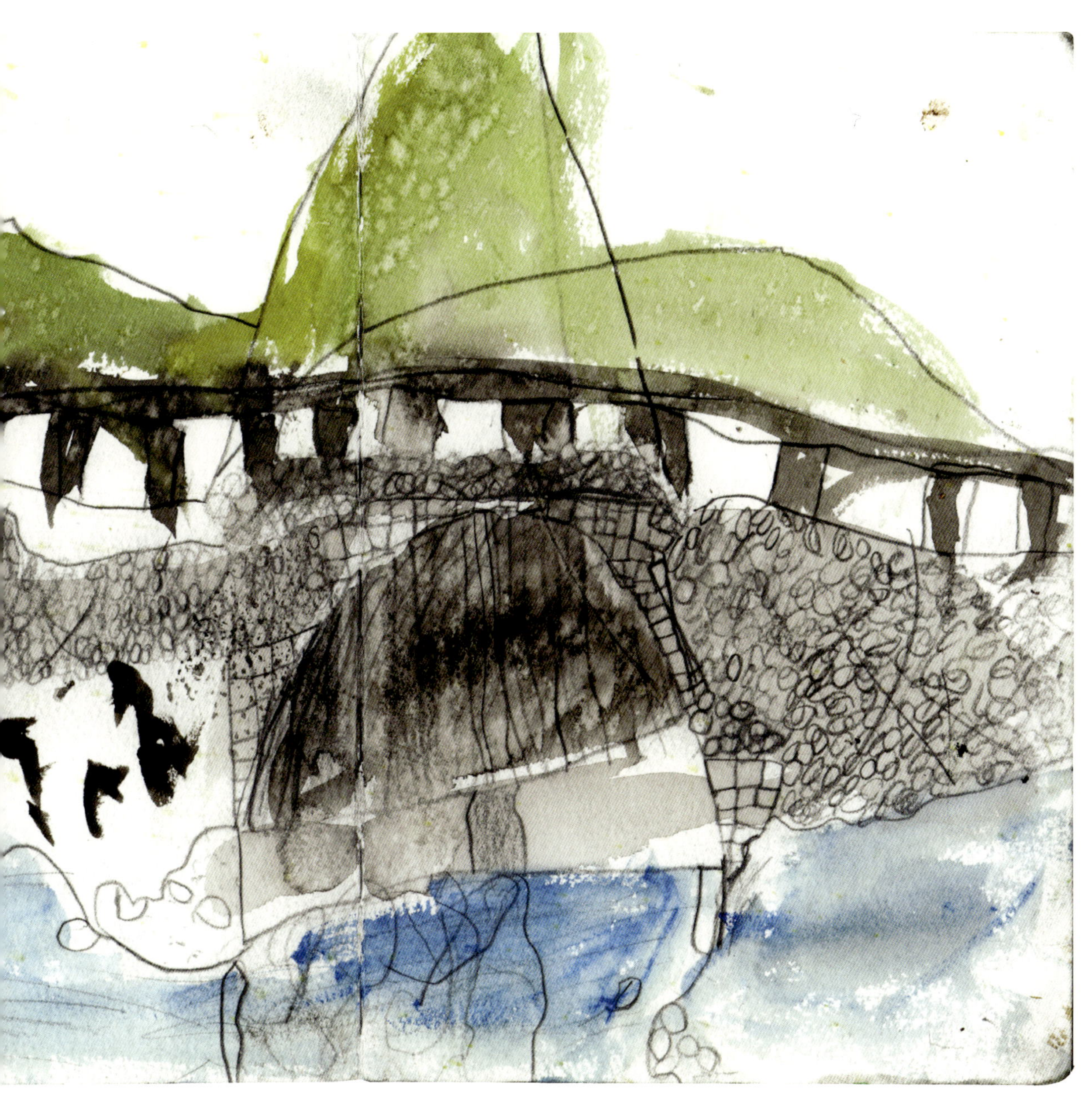

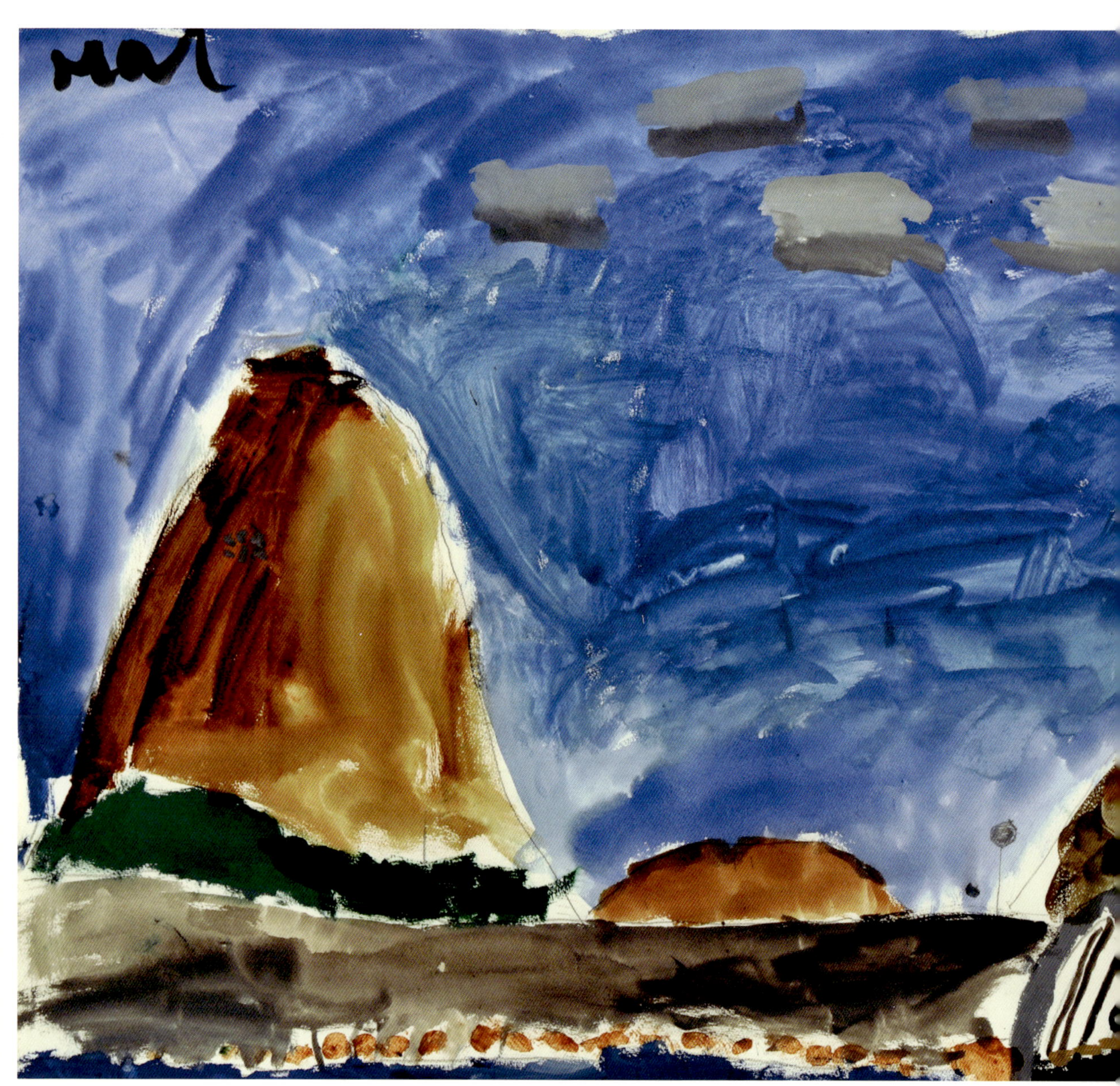

Hal Marsh, Torrin / Na Torran, 9.9.09

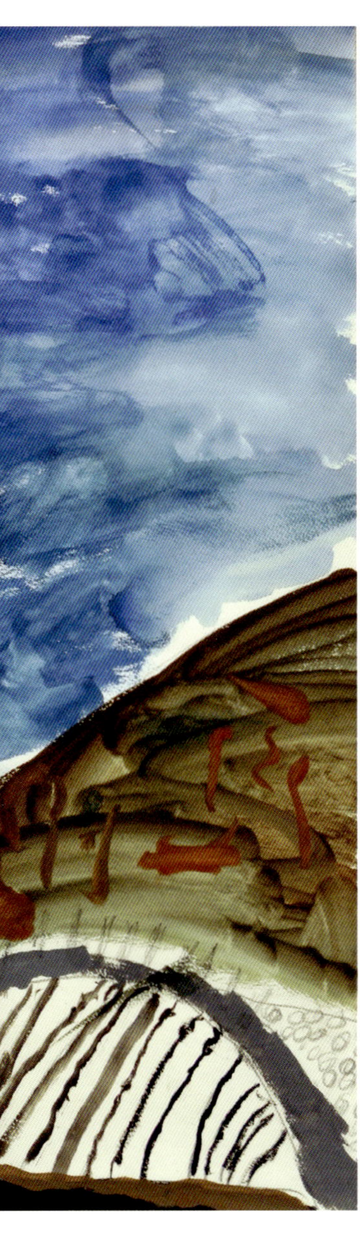

Glàmaig

Mar chèic mhòr
ag èirigh bhon talamh
na faileasan
mar teoclaid fliuch
na sgòthan
mar candyfloss bog
sligeanach marbh.

Glàmaig

Like a big cake
Rising out of the earth
The shadows
like wet chocolate
the clouds
like damp candy floss
A dead turtle.

Brighde Chaimbeul

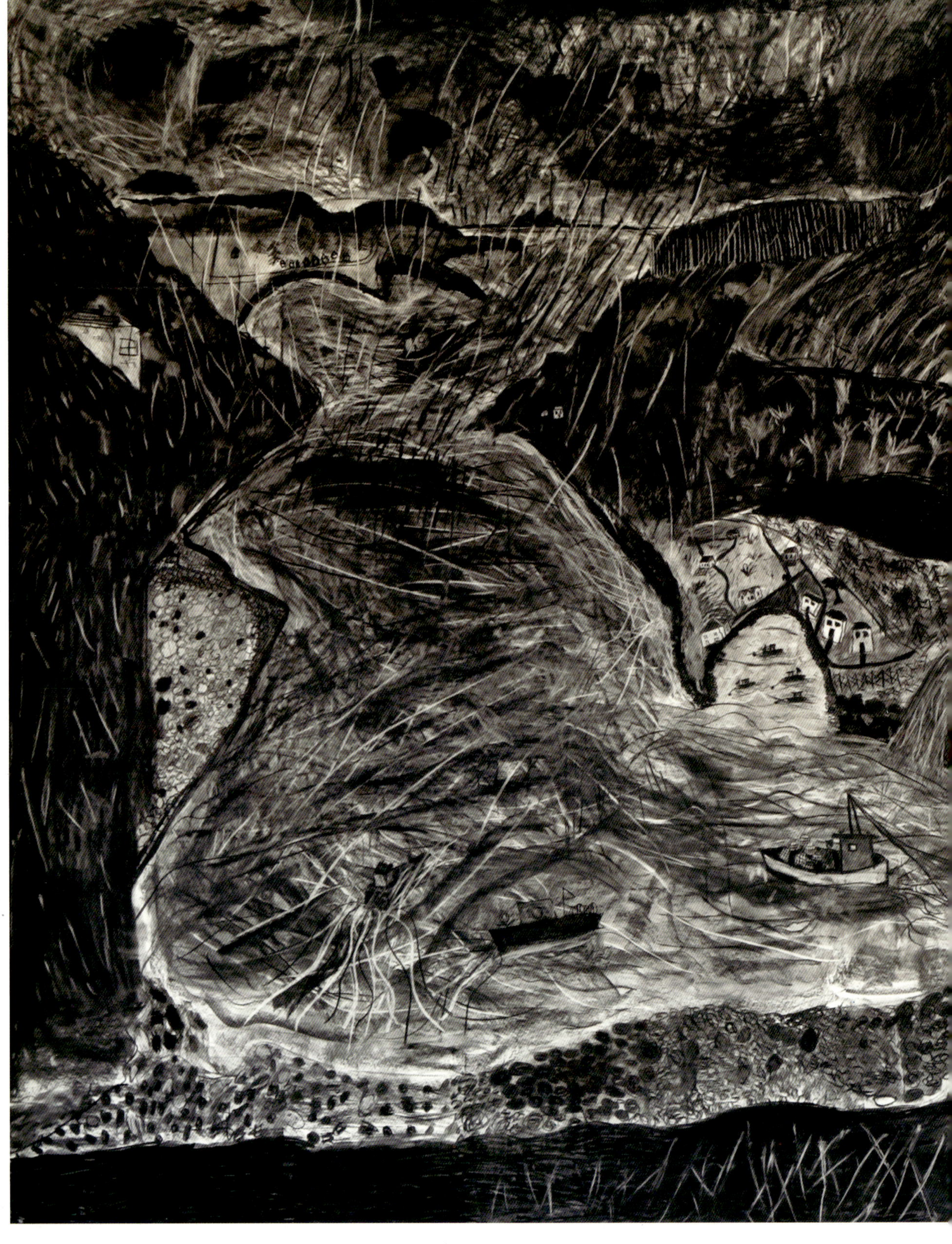

Fold-out / Pàisg a-mach: Collective drawing of Skye by pupils from Tollcross Primary School / Dealbh buidhne gual-fhiodha den Eilean Sgìtheanach le sgoilearan bho Bun-sgoil Chrois na Cìse, 2009

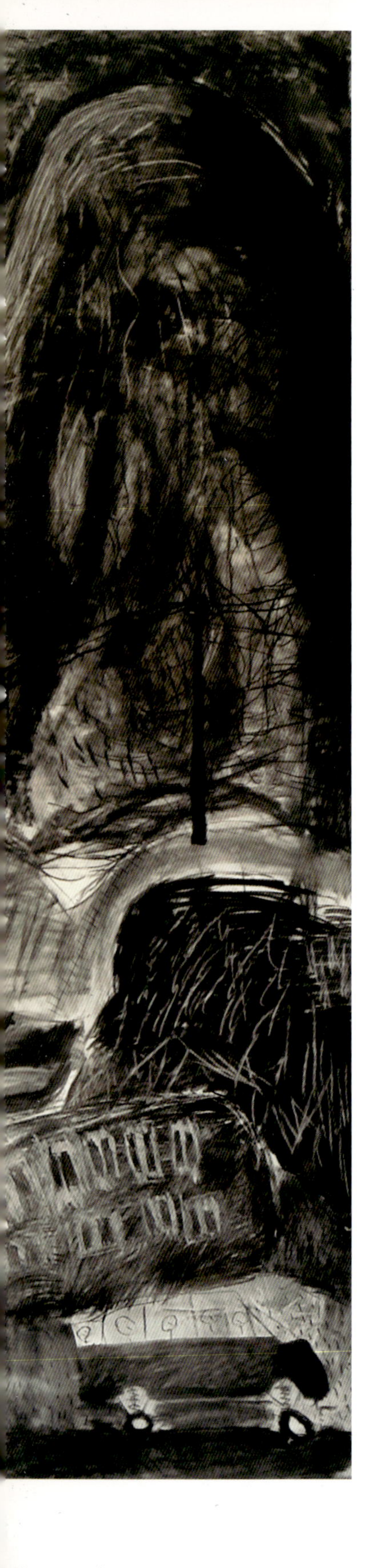

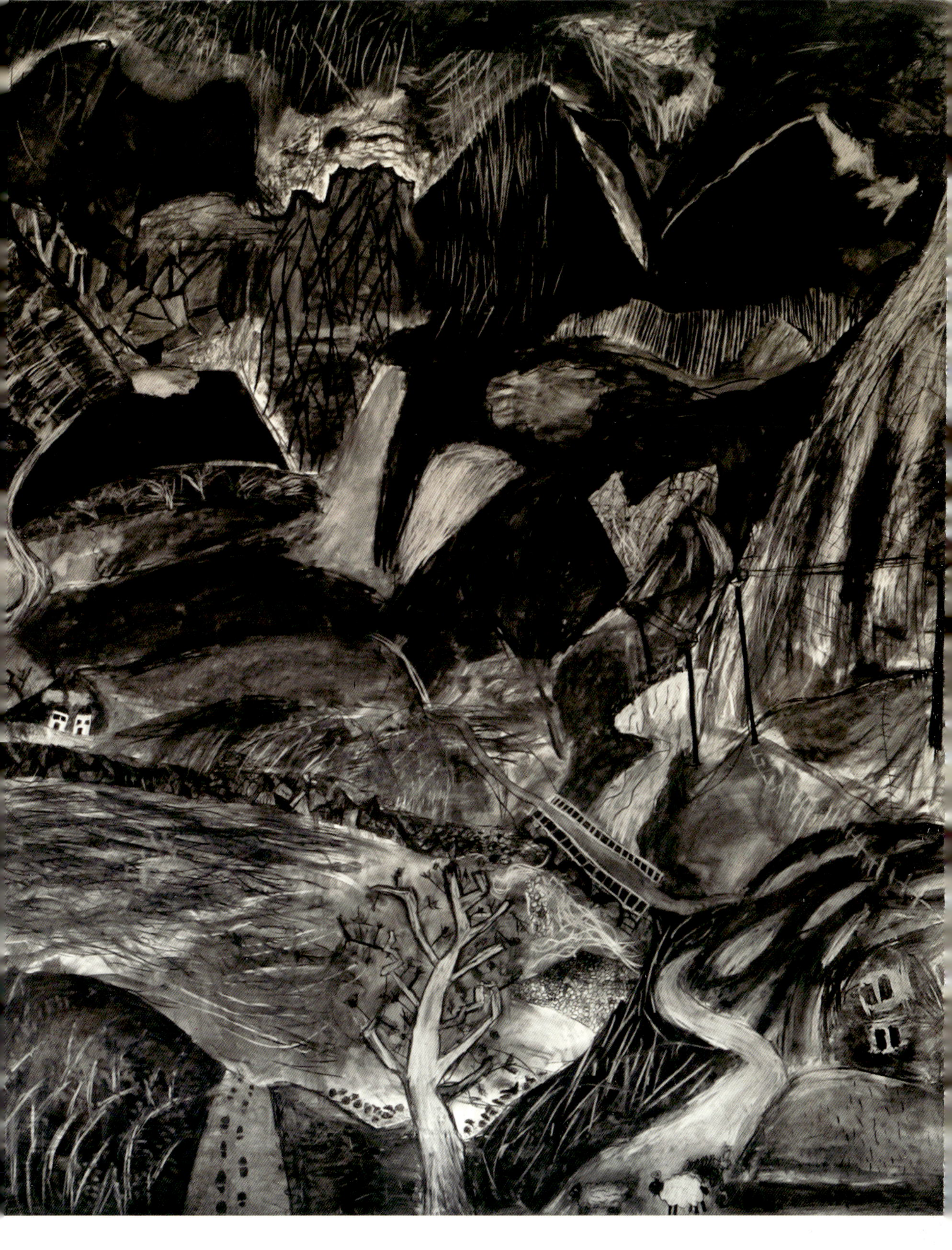

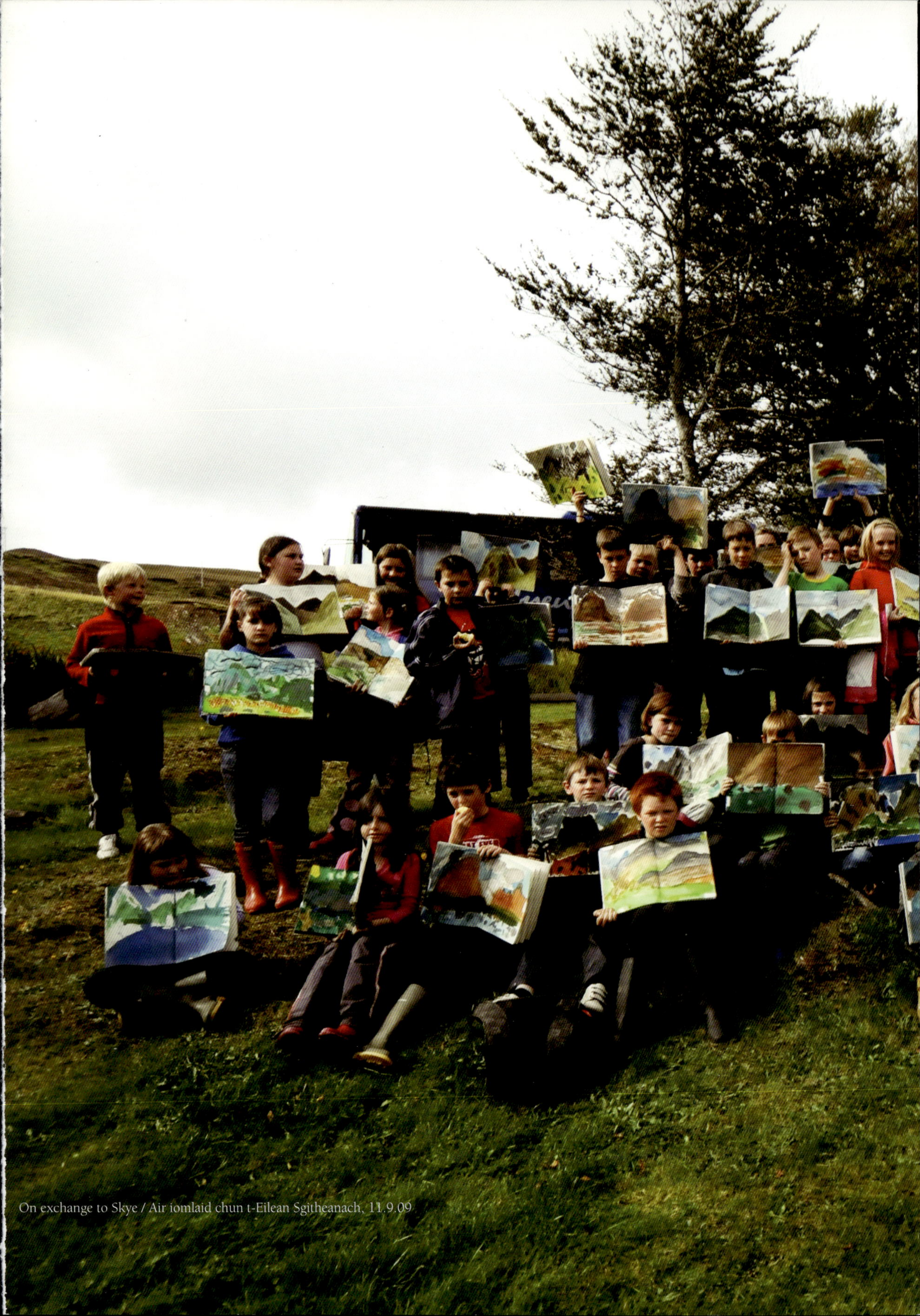
On exchange to Skye / Air iomlaid chun t-Eilean Sgitheanach, 11.9.09

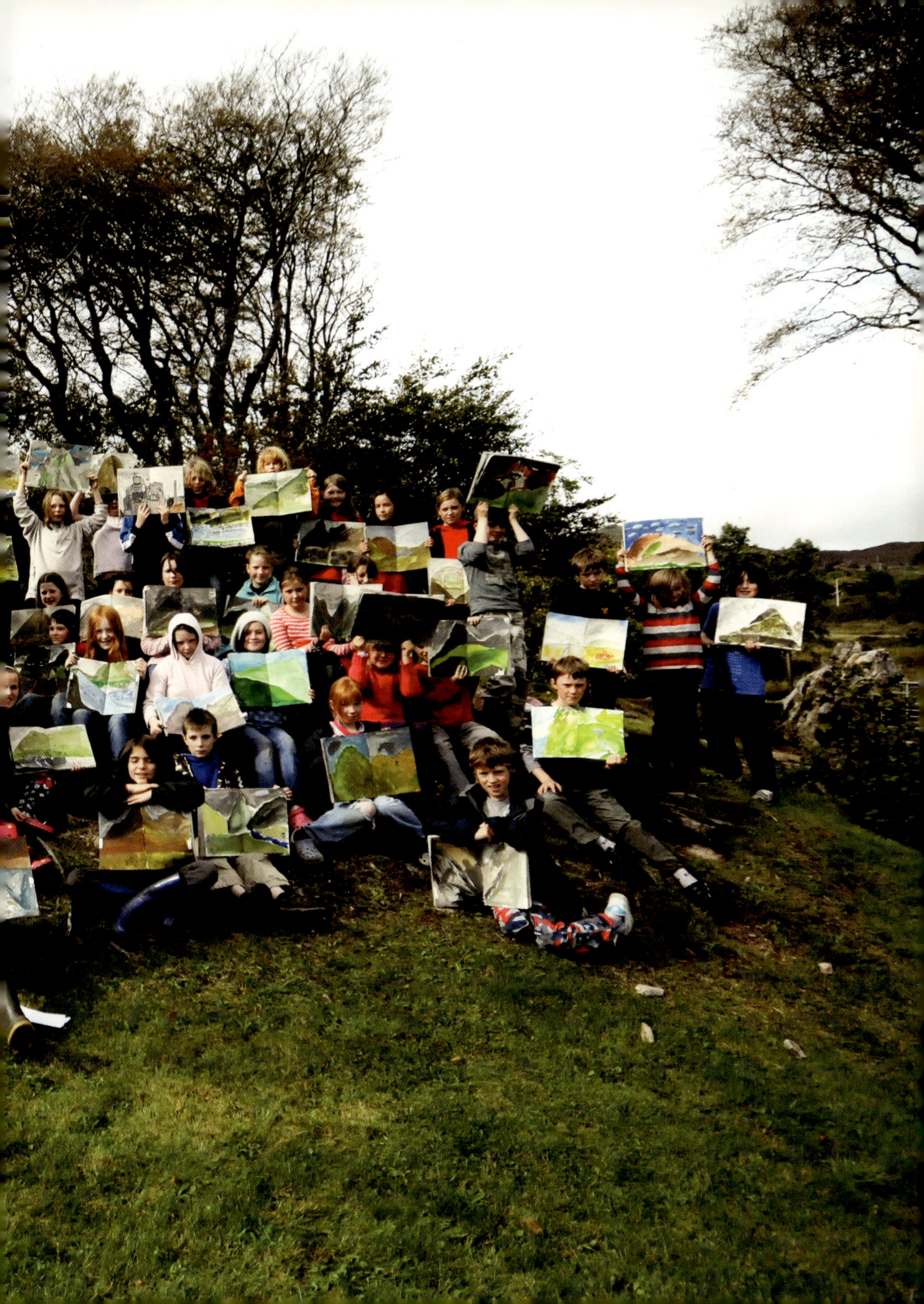

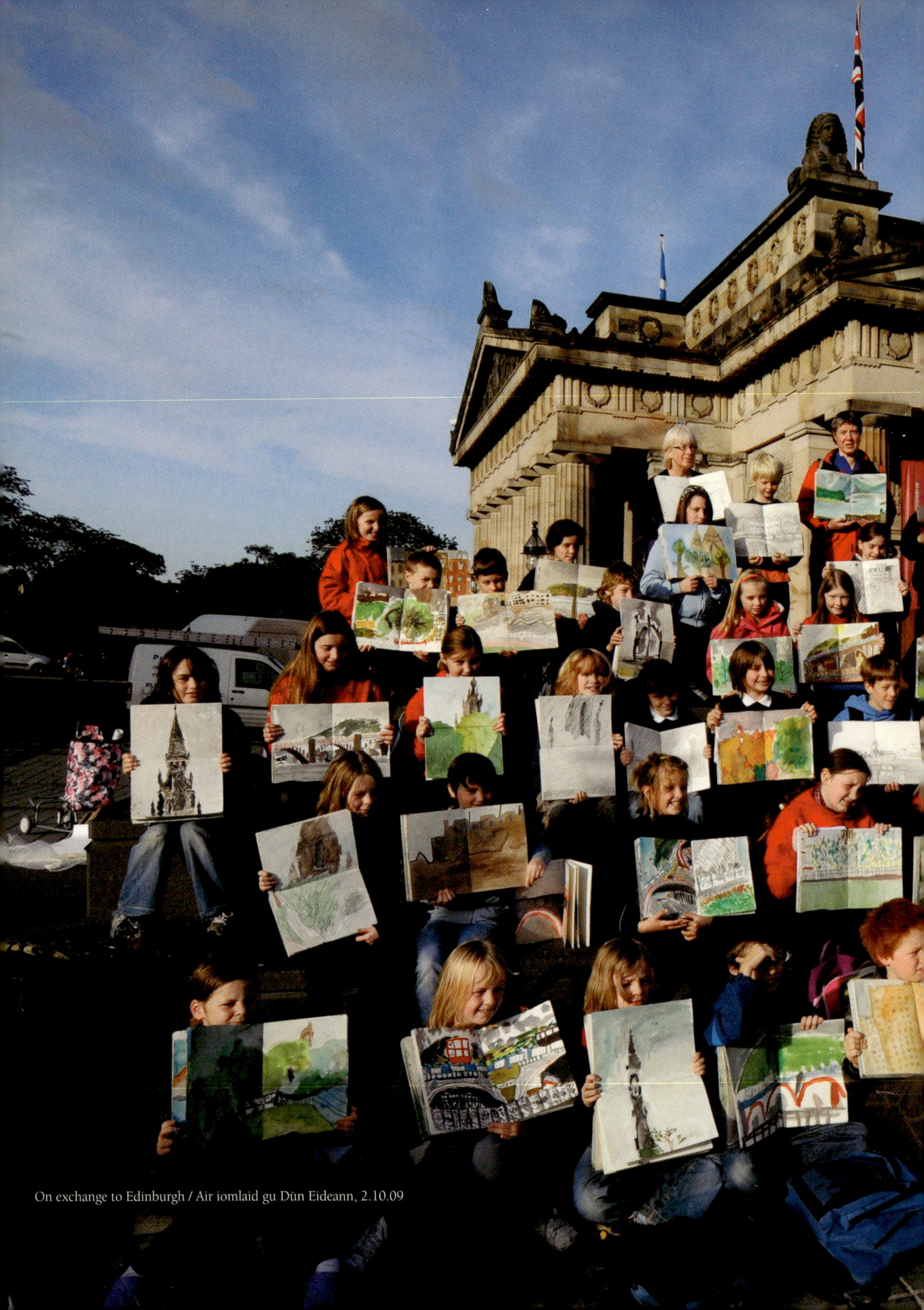

On exchange to Edinburgh / Air iomlaid gu Dùn Eideann, 2.10.09

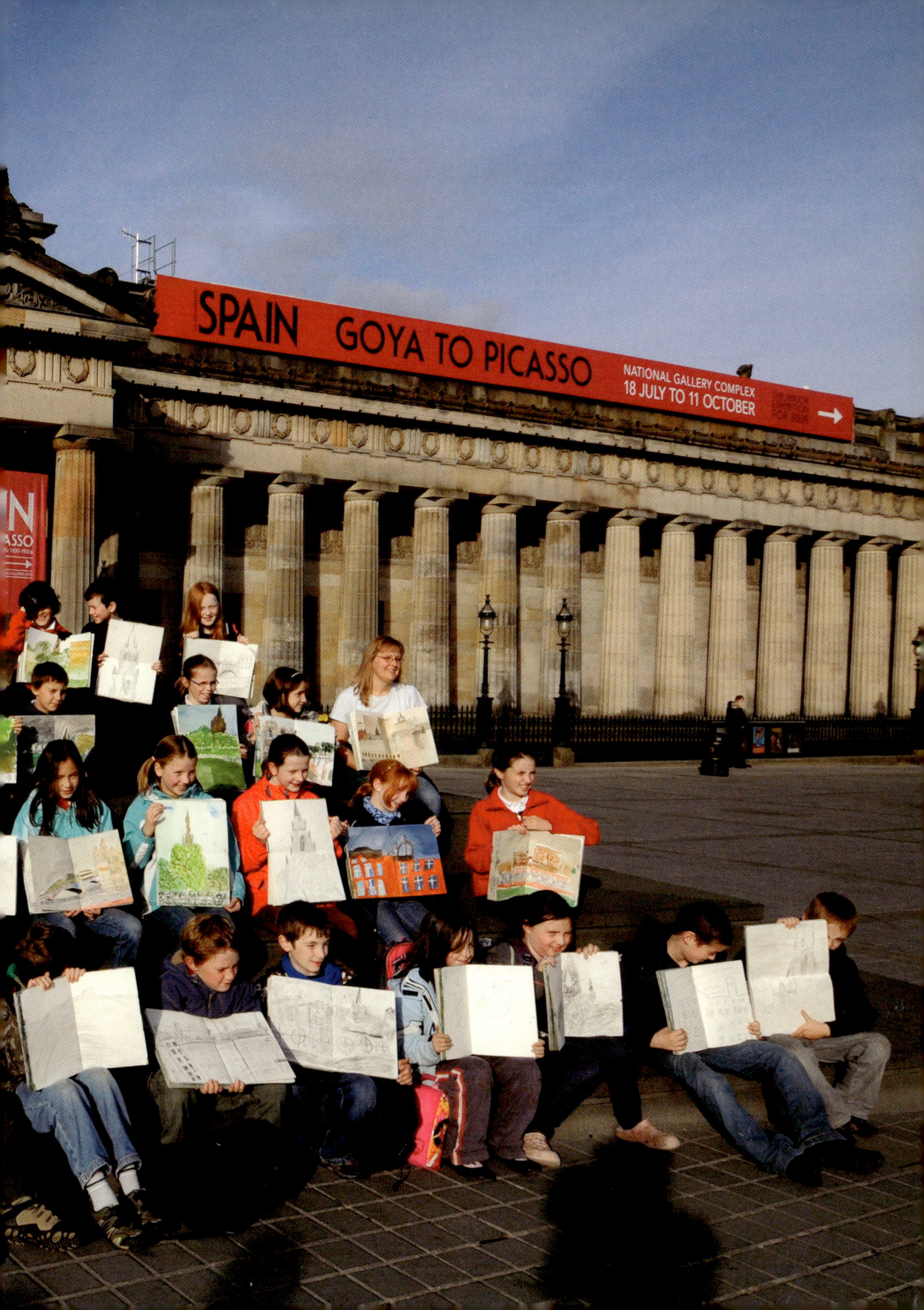
SPAIN
GOYA TO PICASSO
NATIONAL GALLERY COMPLEX
18 JULY TO 11 OCTOBER

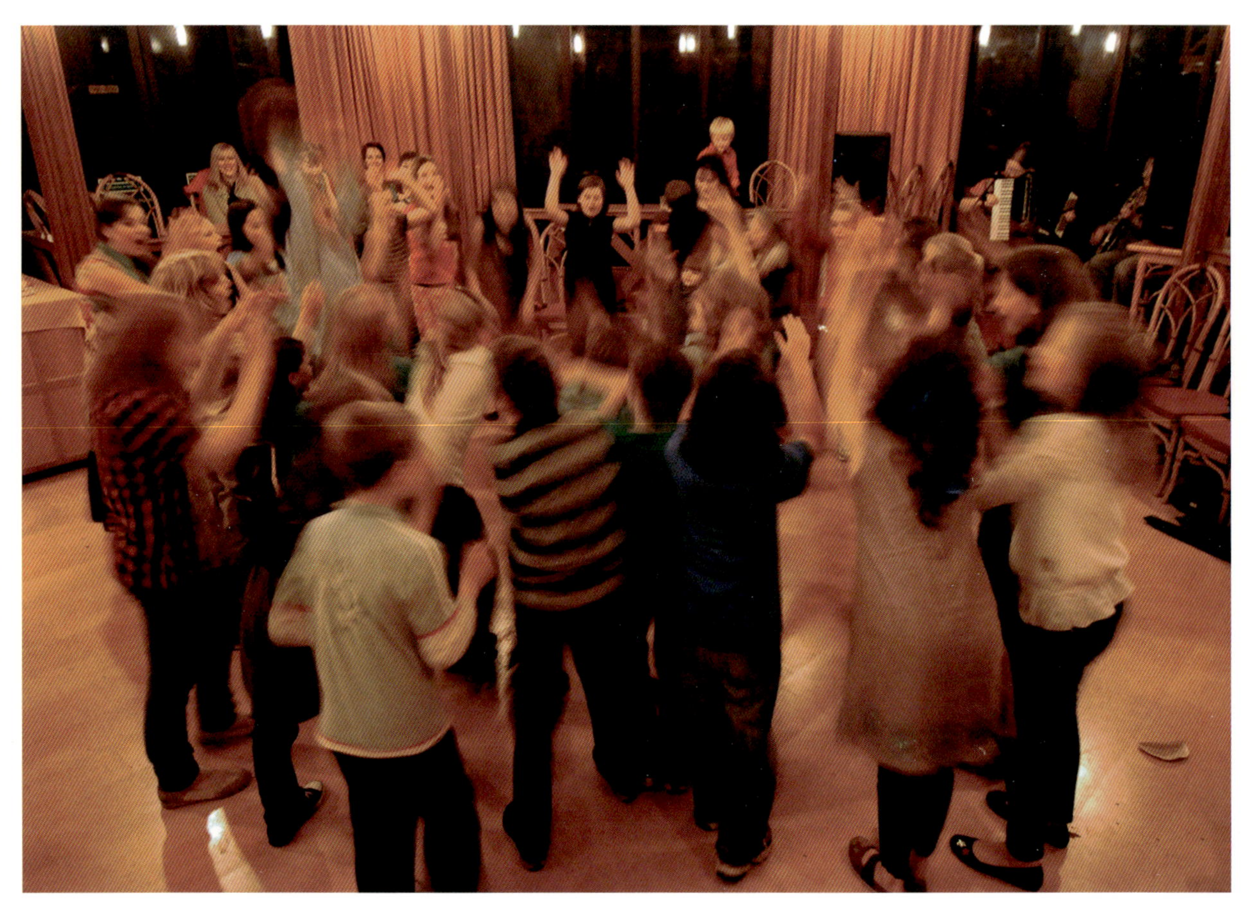

Acknowledgements
Taing

On exchange in Skye / Air iomlaid chun t-Eilean Sgitheanach, 8.9.09

Published by The Fruitmarket Gallery
on the occasion of the exhibition
Air Iomlaid
The Fruitmarket Gallery, Edinburgh
10 April – 9 May 2010
and Sabhal Mòr Ostaig, Skye
5 June – 25 July 2010

Supported by The National Lottery via
The Scottish Arts Council's Inspire Fund
with additional funding from Bòrd na Gàidhlig,
Scottish Natural Heritage (SNH), Learning and Teaching
Scotland and The Ernest Cook Trust

Air fhoillseachadh leis The Fruitmarket Gallery
aig àm an taisbeanaidh
Air Iomlaid
The Fruitmarket Gallery, Dùn Èideann
10 Giblean – 9 Cèitean 2010
agus Sabhal Mòr Ostaig, An t-Eilean Sgìtheanach
5 Òg Mhios – 25 Iuchar 2010

Le taic bhon Chrannchur Nàiseanta tro Ionmhas
Brosnachaidh Comhairle Ealain na h-Alba le taic a bharrachd
bho Bòrd na Gàidhlig, Dualchas Nàdair na h-Alba (SNH),
Ionnsachadh is Teagasg na h-Alba agus Urras Ernest Cook

Further information / Tuilleadh fiosrachaidh:
The Fruitmarket Gallery (www.fruitmarket.co.uk)
Air Iomlaid (www.fruitmarket.co.uk/education/air-iomlaid)
Lasair Ealain (www.lasairealain.com)
Julie Brook (www.juliebrook.com)

Air Iomlaid credits:

Artists / Luchd-ealain:
Julie Brook, Sandra Kennedy,
Mary Morrison, Morag MacDonald

Supporting artist / Neach-ealain taiceil:
Catrìona NicLeòid

Poets / Bàird:
Màrtainn Mac an t-Saoir, Iain Finlay MacLeod

Film / Fiolm :
Matt Hulse (Creative Director / Stiùiriche Cruthachail)
Julie Brook (Creative Director / Stiùiriche Cruthachail)
Rhianna Andrews (Producer, Young Films / Riochdaire)
Ian Dodds (Cameraman / Neach-dealbh)
Hector MacInnes (Sound / Fuaim)
Alan Brown (Editor / Neach-gearraidh Dealbhan-beo)

Linguistic Research / Sgrùdadh Cànain:
Sìleas Landgraf, Sabhal Mòr Ostaig

Translation / Eadar-theangachadh:
Iain Macleòid, An Darach Earranta and
Màrtainn Mac an t-Saoir

Photography / Dealbhan:
Julie Brook, Gwen Culbertson, Alan Dimmick,
Johnny Gailey, Morag MacDonald, Steven McKenzie

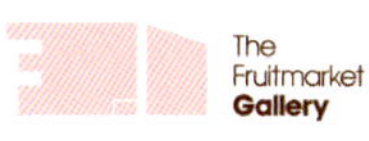

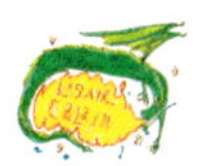

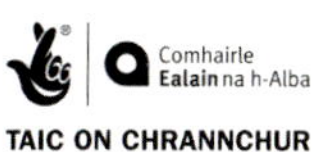

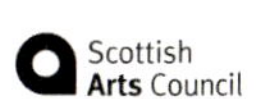

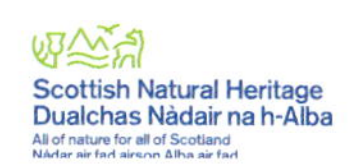

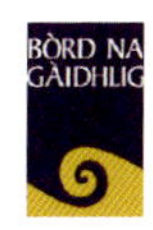

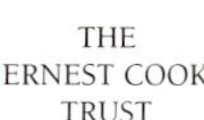

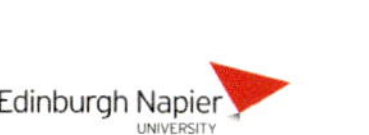

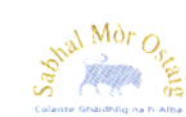

Thanks and assistance / Taing is cuideachadh:
Sleat Primary School / Bun-sgoil Shlèite:
Gwen Culbertson (Headteacher / Ceannard),
Christine Robasdan, Raonaid Brennan, Megan NicChoinnich,
Heather Beaton (Teachers / Luchd-teagaisg),
Alice MacVicar (Visiting Teacher / Neach-teagaisg air chuairt),
Lorraine NicFhionghuinn (Rùnaire / Clerical Assistant)

Tollcross Primary School / Bun-sgoil Chrois na Cìse:
Kenny Neal (Headteacher / Ceannard), Anne MacPhail (Principal Teacher of Gaelic / Prìomh Neach-teagaisg Gàidhlig), Christine MacLeod, Donna M. MacSween (Teachers / Luchd-teagaisg), Margaret Gilmour (School Secretary / Rùnaire), Brian Nothard (Janitor / Dorsair)

Learning Materials / Stuthan Ionnsachaidh:
Mary MacMillan (Gaelic Development Officer, Learning and Teaching Scotland / Oifigear Leasachaidh Gàidhlig, Ionnsachadh is Teagasg na h-Alba), Alistair Lawson (Lecturer, School of Computing, Edinburgh Napier University / Òraidiche, Sgoil Choimpiutaireachd, Oilthigh Napier Dhùn Èideann), Peter Eland (Research Assistant, School of Computing, Edinburgh Napier University / Cuidiche Sgrùdaidh, Sgoil Choimpiutaireachd, Oilthigh Napier Dhùn Èideann), Shona Sloan (Gaelic Officer, Scottish Natural Heritage / Oifigear Gàidhlig, Dualchas Nàdair na h-Alba)

Parent volunteers / Luchd-cuideachaidh saor-thoileach nam pàrant:
Marriette Holland Drain, Muireann Kelly, Claire Lamond, Valerie MacGregor, Fiona MacKinnon, Claire MacPherson, Catarina Penalosa

Host families / Teaghlachan Aoigheachd:
Catarina Penalosa and Doneil MacLeod, Màrtainn Mac an t-Saoir and Anne Marie NicRuairidh, Catriona Gracie, Sarah Begley and Chris Marsh, Chris Young and Julie Brook, Claire and Norman Hannah, Mairi MacKay and Norman MacKinnon, Ian Hutchison and Lesley O'Neil

Linguistic Research Advisory Group /
Buidheann Comhairleachaidh Sgrùdaidh Cànain:
David Adger (Professor of Linguistics, Queen Mary, University of London / Àrd-Ollamh Cànain, Banrìgh Màiri, Oilthigh Lunnainn), Johnny Gailey (Children and Young People's Programme Manager, The Fruitmarket Gallery / Manaidsear Prògram Chloinne is Dhaoine Òga, The Fruitmarket Gallery) Murdo Macdonald (Professor of History of Scottish Art, University of Dundee, Duncan of Jordanstone College of Art and Design / Àrd-Ollamh Eachdraidh Ealain na h-Alba, Oilthigh Dhùn Deagh, Colaiste Ealain is Dealbhaidh Duncan of Jordanstone), Boyd Robasdan (Director, Sabhal Mòr Ostaig / Stiùiriche, Sabhal Mòr Ostaig), Mary Smith

Additional thanks / Taing is bharuachd:
Eileen Adams (The Campaign for Drawing), Dougie Beck (Fèisean nan Gàidheal), Malcolm Boyd (BAM Construction), Charles Culbertson, Carlotta Graham and Gillian Munro (Sabhal Mòr Ostaig), Fiona Dalgetty (Fèis Rois), Sadie and Niall Gordon (Biorachan Beag Ceilidh Band), Rody Gorman, Derek Gray (The Arts Complex), Richard and Florence Ingleby and Andrew Innes (Ingleby Gallery), Lynn Johnson and Susan Walker (The Highland Council / Comhairle na Gàidhealtachd), Marta McGlynn, Vicky MacLean and Morag Stiùbhart (Sealladh), Norma Martin (City of Edinburgh Council), Claire Nicolson (Lasair Ealain), Donnie Nicolson (Nicolson Taxis), Antonia Palmer (Edinburgh College of Art), Kenneth Fowler and Iain Ross (Scottish Natural Heritage / Dualchas Nàdair na h-Alba)

Julie Brook thanks / Julie Brook taing:
Robin Hodge for his extraordinary generosity and hospitality. Eoghan Mackay for giving constant support with her Gaelic. All the artists who have contributed so much. Kath Macleod for helping on so many different occasions with the specific challenges this project presented and helping clarify thoughts as to how to go forward. Fiona Bradley and The Fruitmarket Gallery team who have been a pleasure to work with.
A special thank you to Johnny Gailey for being a wonderful work colleague and collaborator and making sure the project happened. Rosemary Ward for having faith in this project right from its beginning. Huge appreciation to my partner Chris Young and children Winnie, Stella, Arthur and Meredith for all their support and patience during these last two years. To Azahara Fernández González for her incredible help and kindness. And finally thanks go to all the children and teachers who have worked so hard to make this fine body of work.

Robin Hodge airson a Bhith cho coibhneil agus airson aoigheachd. Eoghan MacAoidh airson làn-thaic a thoirt dhith le cuid Gàidhlig. Na luchd-ealain air fad a chur uidhir de dh'oidhirp a-steach.Catrìona NicLeòid airson a cuideachadh aig diofar amannan leis na dùbhlannan a bh'aig a' phròiseact seo agus a cuideachadh le bhith a' soilleireachadh smuaintean mun t-slighe air adhart. Fiona Bradley agus sgioba The Fruitmarket Gallery airson a bhith cho dòigheil len cuid taic. Taing sònraichte do Johnny Gailey a bha na chom-pàirtiche agus na cho-obraiche air leth math le bhith a' dèanamh cinnteach gun tàinig a' phròiseact gu buil. Rosemary Ward, airson a bhith a' creidsinn anns a'phròiseact seo bho thùs. Agus taing mhòr don chom-pàirtiche agam Chris Young agus mo chlann Winnie, Stella, Arthur agus Meredith airson an cuid taic is foighidinn fad an dà bhliadhna mu dheireadh. Taing mhòr gu Azahara Fernández González airson a bhith cho coir agus cho cuideachdail dhuinn. Agus mu dheireadh taing don chloinn agus don luchd-teagaisg air fad a dh'obraich cho cruaidh.

Publisher's credits:
The Fruitmarket Gallery
45 Market Street, Edinburgh, EH1 1DF
Telephone +44 (0)131 225 2383
www.fruitmarket.co.uk

Publication credits:
Edited by Fiona Bradley
Designed by Elizabeth McLean
Assisted by Samantha Woods

ISBN 978-0-947912-96-3

Distributed by:
Art Data 12 Bell Industrial Estate,
50 Cunnington Street, London, W4 5HB
Telephone +44 (0)20 8747 1061
www.artdata.co.uk

Printed by:
Stewarts of Edinburgh. Printed and bound in the UK

The Fruitmarket Gallery is a not-for-profit organisation and a Scottish Charity presenting world-class, challenging art made by Scottish and International artists in an environment that is welcoming, engaging, informative and always free. The Gallery is Foundation Funded by the Scottish Arts Council for up to 62% of its running costs and must raise additional funds to support its exhibitions, education and publishing programmes.

The Fruitmarket Gallery is a company limited by guarantee, registered in Scotland No. 87888 and registered as a Scottish Charity No. SC 005576.

Registered Office: 45 Market St., Edinburgh, EH1 1DF.
VAT No. 398 2504 21

Image credits:
cover: Collective drawing of Edinburgh by pupils from Bun-sgoil Shlèite (detail) / Dealbh buidhne gual-fhiodha de Dhùn Èideann le sgoilearan bho Bun-sgoil Shlèite (mion-fhiosrachadh)

pages 2–3: Neith Donnelly, Sligachan / Sligeachan, 10.9.09
pages 4–5: Ferry to Mallaig / Aiseag gu Malaig, 24.06.09
pages 6–7: Lewis Callan, Torrin / Na Torran, 9.9.09
pages 8–9: Brown's Place / Ceàrn MhicIlleDhuinn, 18.6.09
pages 10–11: Euan Hamilton, Scott Monument / Carragh-cuimhne Scott, 30.9.09
pages 12–13: Torrin / Na Torran, 9.9.09
pages 14–15: Megan Cartwright, Torrin / Na Torran, 9.9.09
pages 16–17: Calton Hill / Cnoc na Calltainn, 29.9.09
pages 18–19: Christopher Clyne, Edinburgh Castle / Caisteal Dhùn Èideann, 30.9.09
pages 20–21: Sligachan / Sligeachan, 10.9.09
pages 22–23: Pupils working on their group drawing of Skye at Bun-sgoil Shlèite / Sgoilearan ag obair air an dealbh buidhne aca den Eilean Sgìtheanach aig Bun-sgoil Shlèite, 17.11.09
pages 24–25, left: Pupils working on their group drawing of Edinburgh at Tollcross Primary School / Sgoilearan ag obair air an dealbh buidhne aca de Dhùn Èideann aig Bun-sgoil Chrois na Cìse, 4.11.09
pages 24–25, right: Pupils working on their group drawing of Skye at Bun-sgoil Shlèite / Sgoilearan ag obair air an dealbh buidhne aca den Eilean Sgìtheanach aig Bun-sgoil Shlèite, 18.11.09
pages 26–27: Pupils working on their group painting of Edinburgh at Bun-sgoil Shlèite / Sgoilearan ag obair air an dealbh buidhne aca den Dhùn Èideann aig Bun-sgoil Shlèite, 3.2.09
pages 28–29: Group painting of Edinburgh by the pupils from Bun-sgoil Shlèite / Dealbh buidhne de Dhùn Èideann le sgoilearan bho Bun-sgoil Shlèite, 1.2.09–5.2.09

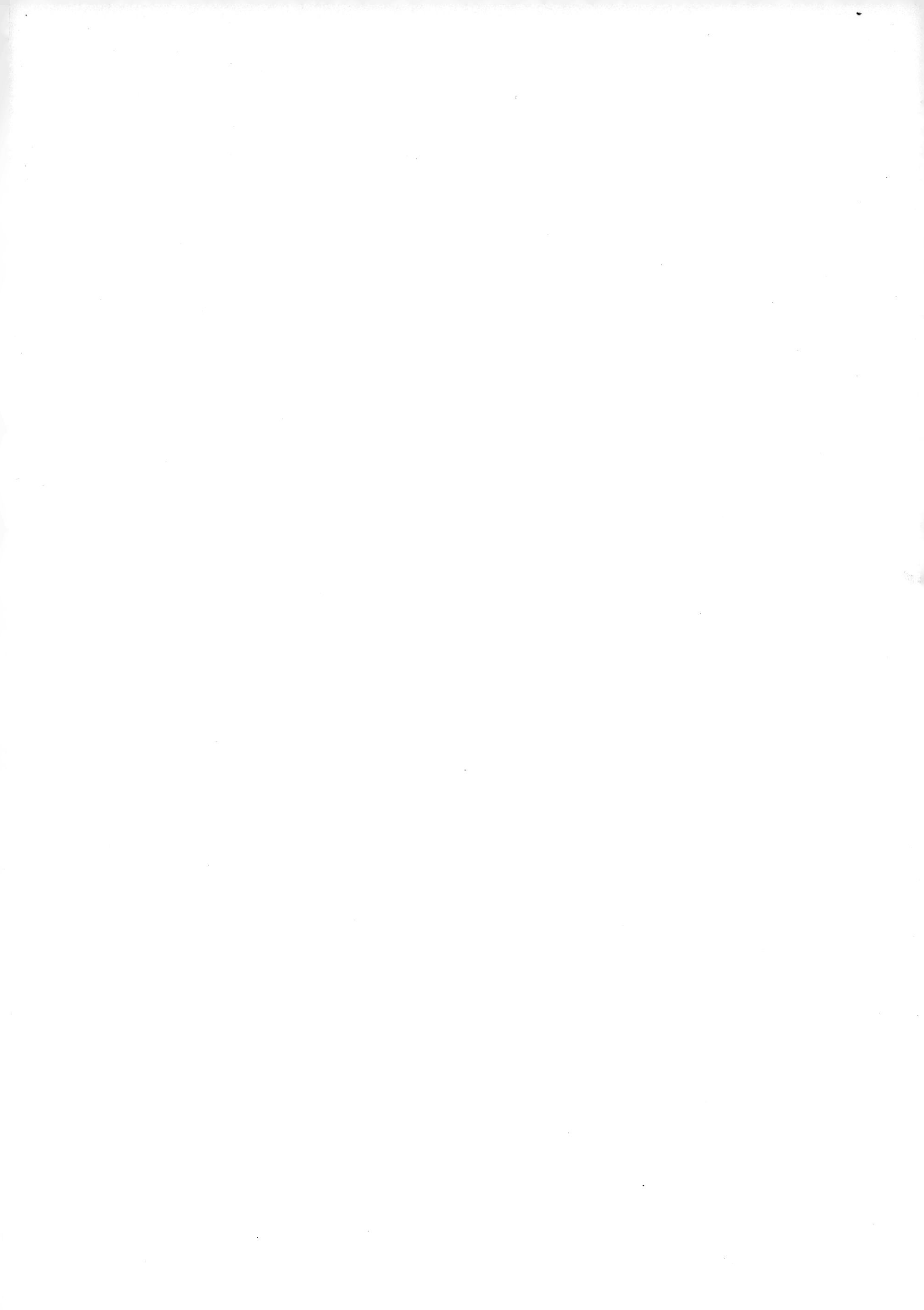